FINANCIAL ACCOUNTING

재무회계실무

I

지현미

三 英 社

머리말

재무회계 영역에서는 회계원리, 재무회계원리, 중급회계 교과목 순으로 이론적 내용을 기초수준에서부터 중급수준까지 학습하게 된다. 본 교재는 지금까지 배워온 재무회계 영역의 이론적 내용을 바탕으로, 학생들이 각종 공인 시험에 효과적으로 대비할 수 있도록 집필되었다.

중급회계는 학생들의 수준 및 교육과정 상황에 따라 중급회계(1)과 중급회계(2)의 두 개의 교과목으로 구분하기도 하며, 일부 학교에서는 중급회계(1), 중급회계(2), 중급회계(3)으로 세 개의 교과목으로 구분하기도 한다.

저자가 속한 학교에서는 중급회계를 중급회계(1)과 중급회계(2)로 구분하여 두 학기에 걸쳐 가르친다. 따라서 본 교재도 「재무회계실무(1)」과 「재무회계실무(2)」(출판예정)로 구분하여 집필한다. 이를 통해 이론적인 내용을 주로 다루는 중급회계(1)과 중급회계(2) 교과목과의 연관성 및 보충성을 높이고자 하였다.

「재무회계실무(1)」에서는 재무보고개념체계부터 시작하여 금융자산에 이르는 재무상태표 자산까지의 계정과목에 대해 다룬다. 「재무회계실무(2)」(출판예정)에서는 재무상태표 부채와 자본의 계정과목 그리고 리스회계, 회계변경 및 오류수정 등과 같은 특수회계 분야에 대해 다룰 예정이다.

본 교재는 감정평가사, 관세사, 공무원 7급, 공무원 9급, 경영지도사 등 다양한 공인 시험의 기출문제를 한국채택국제회계기준에 맞게 풀이하는 방법을 제시하였다. 2020년부터 2021년까지의 최신의 기출문제를 한국채택국제회계기준에 따라 자세하게 풀이하여 설명하고 있다.

본 교재를 통해 재무회계 분야의 수준별 문제를 다양하게 접할 수 있고, 각 장의 주제별로 어떠한 유형의 문제들이 반복적으로 출제되는지를 한 눈에 파악하여 출제경향을 이해할 수 있을 것이다. 본 교재는 학생들이 재무회계 관련 각종 자격시험을 준비하는데 도움을 줄 수 있을 것이다.

머리말

본 교재는 각 장별로 난이도가 높은 문제부터 낮은 문제 순(감정평가사, 관세사, 공무원 7급, 공무원 9급, 경영지도사)으로 배열되어 있다. 본 교재를 효과적으로 공부하기 위해서는 난이도가 낮은 경영지도사 문제부터 공무원 9급, 공무원 7급, 관세사, 감정평가사 순으로 문제를 푸는 것이 좋다. 쉬운 문제부터 어려운 문제 순서로 풀다보면, 출제되는 문제 유형을 파악할 수 있고 같은 유형의 문제에서 난이도 차이를 발견할 수 있을 것이다.

뿌린 대로 거둔다는 말이 있듯이 회계학 분야는 노력의 투입과 결과의 산출이 가장 명확한 과목이라 할 수 있다. 많은 시간과 노력을 투입한 만큼 반드시 좋은 성과를 거둘 수 있기 때문이다. 회계학 관련 시험은 다양한 문제풀이 연습을 통해 반복학습을 해야만 고득점을 할 수 있다. 학생들에게 당부할 것은 문제를 절대 눈으로만 풀지 말고 반드시 본인이 직접 연습장에 풀이과정을 써가면서 풀어야만 본인의 지식으로 체계화 할 수 있다는 것이다.

본 교재는 문제풀이를 T계정이나 표를 통해 풀이방식을 구체적으로 제시함으로써 문제풀이 과정을 쉽게 이해할 수 있도록 설명하고 있다. 그러나 아직 보완해야 할 점이 많이 있으리라 생각되며, 앞으로도 개선점을 찾아 계속 보완해 나갈 것을 약속드린다. 본 교재를 접한 학생들이 회계학을 어렵거나 피하고 싶은 과목이 아니라, 쉽고 재미있는 과목으로 느낄 수 있기를 바란다.

본 교재의 발간을 위하여 도와주신 여러분들에게 감사를 드린다. 특히, 도서출판 삼영사 사장님과 직원 여러분께 감사를 드린다.

2022년 6월

계명대학교 성서캠퍼스에서

지 현 미

차례

Chapter 1 재무보고 개념체계

Chapter 2 회계순환과정

Chapter 3 재무제표

차례

차례

Chapter 6 유형자산 및 무형자산

Chapter 7 금융자산

차례

CHAPTER

1

재무보고 개념체계

CHAPTER 1 재무보고 개념체계

1 개념체계의 목적과 위상

'재무보고를 위한 개념체계'(이하, '개념체계'라 한다.)는 일반목적재무보고의 목적과 개념을 서술한다. '개념체계'의 목적은 다음과 같다.(SP1.1)

(1) 한국회계기준위원회(이하 '회계기준위원회'라 한다)가 일관된 개념에 기반하여 한국채택국제회계기준(이하, '회계기준'이라 한다.)을 제·개정하는 데 도움을 준다.

(2) 특정 거래나 다른 사건에 적용할 회계기준이 없거나 회계기준에서 회계정책 선택이 허용되는 경우에 재무제표 작성자가 일관된 회계정책을 개발하는 데 도움을 준다.

(3) 모든 이해관계자가 회계기준을 이해하고 해석하는 데 도움을 준다.

'개념체계'는 회계기준이 아니다. 따라서 이 '개념체계'의 어떠한 내용도 회계기준이나 회계기준의 요구사항에 우선하지 아니한다.(SP1.2)

2 일반목적재무보고의 목적

일반목적재무보고의 목적은 현재 및 잠재적 투자자, 대여자와 그 밖의 채권자가 기업에 자원을 제공하는 것과 관련된 의사결정을 할 때 유용한 보고기업 재무정보를 제공하는 것이다. 그 의사결정은 다음을 포함한다.(1.2)

(1) 지분상품 및 채무상품의 매수, 매도 또는 보유

(2) 대여 및 기타 형태의 신용 제공 또는 결제

(3) 기업의 경제적자원 사용에 영향을 미치는 경영진의 행위에 대한 의결권 또는 영향을 미치는 권리 행사

문단 1.2에 기술된 의사결정은 현재 및 잠재적 투자자, 대여자와 그 밖의 채권자가 기대하는 수익, 예를 들어, 배당, 원금 및 이자의 지급 또는 시장가격의 상승에 의존한다. 투자자, 대여자와 그 밖의 채권자의 수익에 대한 기대는 기업에 유입될 미래 순현금유입의 금액, 시기 및 불확실성(전망) 및 기업의 경제적자원에 대한 경영진의 수탁책임에 대한 그들의 평가에 달려 있다. 현재 및 잠재적 투자자, 대여자와 그 밖의 채권자는 그러한 평가에 도움을 주는 정보를 필요로 한다.(1.3)

각 주요이용자의 정보수요 및 욕구는 다르고 상충되기도 한다. 회계기준위원회는 회계기준을 제정할 때 최대 다수의 주요이용자 수요를 충족하는 정보를 제공하기 위해 노력할 것이다.(1.8)

보고기업의 경영진도 해당 기업에 대한 재무정보에 관심이 있다. 그러나 경영진은 필요로 하는 재무정보를 내부에서 구할 수 있기 때문에 일반목적재무보고서에 의존할 필요가 없다.(1.9)

그 밖의 당사자들, 예를 들어 규제기관 그리고(투자자, 대여자와 그 밖의 채권자가 아닌) 일반대중도 일반목적재무보고서가 유용하다고 여길 수 있다. 그렇더라도 일반목적재무보고서는 이러한 그 밖의 집단을 주요 대상으로 한 것이 아니다.(1.10)

일반목적재무보고서는 보고기업의 재무상태에 관한 정보, 즉 기업의 경제적자원 및 보고기업에 대한 청구권에 관한 정보를 제공한다. 재

무보고서는 보고기업의 경제적자원과 청구권을 변동시키는 거래와 그 밖의 사건의 영향에 대한 정보도 제공한다. 이 두 유형의 정보는 기업에 대한 자원 제공 관련 의사결정에 유용한 투입요소를 제공한다.(1.12)

3 유용한 재무정보의 질적 특성

재무정보가 유용하기 위해서는 목적적합해야 하고 나타내고자 하는 바를 충실하게 표현해야 한다. 재무정보가 비교가능하고, 검증가능하며, 적시성 있고, 이해가능한 경우 그 재무정보의 유용성은 보강된다.(2.4)

(근본적 질적특성) 근본적 질적특성은 목적적합성과 표현충실성이다.(2.5)

(목적적합성) 목적적합한 재무정보는 이용자들의 의사결정에 차이가 나도록 할 수 있다. 정보는 일부 이용자들이 이를 이용하지 않기로 선택하거나 다른 원천을 통하여 이미 이를 알고 있다고 할지라도 의사결정에 차이가 나도록 할 수 있다.(2.6)

재무정보에 예측가치, 확인가치 또는 이 둘 모두가 있다면 그 재무정보는 의사결정에 차이가 나도록 할 수 있다.(2.7)

이용자들이 미래 결과를 예측하기 위해 사용하는 절차의 투입요소로 재무정보가 사용될 수 있다면, 그 재무정보는 예측가치를 갖는다. 재무정보가 예측가치를 갖기 위해서 그 자체가 예측치 또는 예상치일 필요는 없다. 예측가치를 갖는 재무정보는 이용자들 자신이 예측하는 데 사용된다.(2.8)

재무정보가 과거 평가에 대해 피드백을 제공한다면 (과거 평가를 확인하거나 변경시킨다면) 확인가치를 갖는다.(2.9)

(중요성) 특정 보고기업에 대한 재무정보를 제공하는 일반목적재무보고서에 정보를 누락하거나 잘못기재하거나 불분명하게 하여, 이를 기초로 내리는 주요 이용자들의 의사결정에 영향을 줄 것으로 합리적으로 예상할 수 있다면 그 정보는 중요한 것이다. 즉, 중요성은 개별 기업 재무보고서 관점에서 해당 정보와 관련된 항목의 성격이나 규모 또는 이 둘 다에 근거하여 해당 기업에 특유한 측면의 목적적합성을 의미한다. 따라서 회계기준위원회는 중요성에 대한 획일적인 계량 임계치를 정하거나 특정한 상황에서 무엇이 중요한 것인지를 미리 결정할 수 없다.(2.11)

(표현충실성) 재무보고서는 경제적 현상을 글과 숫자로 나타내는 것이다. 재무정보가 유용하기 위해서는 목적적합한 현상을 표현하는 것뿐만 아니라 나타내고자 하는 현상의 실질을 충실하게 표현해야 한다. 많은 경우, 경제적 현상의 실질과 그 법적 형식은 같다. 만약 같지 않다면, 법적 형식에 따른 정보만 제공해서는 경제적 현상을 충실하게 표현할 수 없을 것이다.(2.12)

완벽한 표현충실성을 위해서는 서술에 세 가지의 특성이 있어야 할 것이다. 서술은 완전하고, 중립적이며, 오류가 없어야 할 것이다. 물론 완벽은 이루기 매우 어렵다. 회계기준위원회의 목적은 가능한 한 이러한 특성을 극대화하는 것이다.(2.13)

완전한 서술은 필요한 기술과 설명을 포함하여 이용자가 서술되는 현상을 이해하는 데 필요한 모든 정보를 포함하는 것이다. 예를 들어, 자산 집합에 대한 완전한 서술은 적어도 집합 내 자산의 특성에 대한 기술과 집합 내 모든 자산의 수량적 서술, 그러한 수량적 서술이 표현하고 있는 기술 내용(예: 역사적 원가 또는 공정가치)을 포함한다. 일부 항목의 경우 완전한 서술은 항목의 질과 성격, 그 항목의 질과 성격에 영향을 줄 수 있는 요인과 상황, 그리고 수량적 서술을 결정하는 데 사용된 절차에 대한 유의적인 사실에 대한 설명을 수반할 수도 있다.(2.14)

중립적 서술은 재무정보의 선택이나 표시에 편의가 없는 것이다. 중립적 서술은, 이용자들이 재무정보를 유리하게 또는 불리하게 받아들일 가능성을 높이기 위해 편파적이 되거나, 편중되거나, 강조되거나, 경시되거나 그 밖의 방식으로 조작되지 않는다. 중립적 정보는 목적이 없거나 행동에 대한 영향력이 없는 정보를 의미하지 않는다. 오히려 목적적합한 재무정보는 정의상 이용자들의 의사결정에 차이가 나도록 할 수 있는 정보이다.(2.15)

중립성은 신중을 기함으로써 뒷받침된다. 신중성은 불확실한 상황에서 판단할 때 주의를 기울이는 것이다. 신중을 기한다는 것은 자산과 수익이 과대평가(overstated)되지 않고 부채와 비용이 과소평가(understated)되지 않는 것을 의미한다. 마찬가지로, 신중을 기한다는 것은 자산이나 수익의 과소평가나 부채나 비용의 과대평가를 허용하지 않는다. 그러한 그릇된 평가(misstatements)는 미래 기간의 수익이나 비용의 과대평가나 과소평가로 이어질 수 있다.(2.16)

표현충실성은 모든 면에서 정확한 것을 의미하지는 않는다. 오류가 없다는 것은 현상의 기술에 오류나 누락이 없고, 보고 정보를 생산하는 데 사용되는 절차의 선택과 적용 시 절차상 오류가 없음을 의미한다. 이 맥락에서 오류가 없다는 것은 모든 면에서 완벽하게 정확하다는 것을 의미하지는 않는다. 예를 들어, 관측가능하지 않은 가격이나 가치의 추정치는 정확한지 또는 부정확한지 결정할 수 없다. 그러나 추정치로서 금액을 명확하고 정확하게 기술하고, 추정 절차의 성격과 한계를 설명하며, 그 추정치를 도출하기 위한 적절한 절차를 선택하고 적용하는 데 오류가 없다면 그 추정치의 표현은 충실하다고 할 수 있다.(2.18)

(보강적 질적특성) 비교가능성, 검증가능성, 적시성 및 이해가능성은 목적적합성과 나타내고자 하는 바를 충실하게 표현하는 것 모두를 충족하는 정보의 유용성을 보강시키는 질적특성이다. 보강적 질적특성은 만일 어떤 두 가지 방법이 모두 현상에 대하여 동일하게 목적적합한 정보이고 동일하게 충실한 표현을 제공하는 것이라면 이 두 가지 방법 가운데 어느 방법을 그 현상의 서술에 사용해야 할지를 결정하는 데에도 도움을 줄 수 있다.(2.23)

(비교가능성) 이용자들의 의사결정은 예를 들어, 투자자산을 매도할지 또는 보유할지, 어느 보고기업에 투자할지를 선택하는 것과 같이, 대안들 중에서 선택을 하는 것이다. 따라서 보고기업에 대한 정보는 다른 기업에 대한 유사한 정보 및 해당 기업에 대한 다른 기간이나 다른 일자의 유사한 정보와 비교될 수 있다면 더욱 유용하다.(2.24)

비교가능성은 이용자들이 항목 간의 유사점과 차이점을 식별하고 이해할 수 있게 하는 질적특성이다. 다른 질적특성과 달리 비교가능성은 단 하나의 항목에 관련된 것이 아니다. 비교하려면 최소한 두 항목이 필요하다.(2.25)

일관성은 비교가능성과 관련은 되어 있지만 동일하지는 않다. 일관성은 한 보고기업 내에서 기간 간 또는 같은 기간 동안에 기업 간, 동일한 항목에 대해 동일한 방법을 적용하는 것을 말한다. 비교가능성은 목표이고 일관성은 그 목표를 달성하는 데 도움을 준다.(2.26)

(검증가능성) 검증가능성은 정보가 나타내고자 하는 경제적 현상을

충실히 표현하는지를 이용자들이 확인하는 데 도움을 준다. 검증가능성은 합리적인 판단력이 있고 독립적인 서로 다른 관찰자가 어떤 서술이 표현충실성에 있어, 비록 반드시 완전히 의견이 일치하지는 않더라도, 합의에 이를 수 있다는 것을 의미한다. 계량화된 정보가 검증가능하기 위해서 단일 점추정치이어야 할 필요는 없다. 가능한 금액의 범위 및 관련된 확률도 검증될 수 있다.(2.30)

(적시성) 적시성은 의사결정에 영향을 미칠 수 있도록 의사결정자가 정보를 제때에 이용가능하게 하는 것을 의미한다. 일반적으로 정보는 오래될수록 유용성이 낮아진다. 그러나 일부 정보는 보고기간 말 후에도 오랫동안 적시성이 있을 수 있다. 예를 들어, 일부 이용자들은 추세를 식별하고 평가할 필요가 있을 수 있기 때문이다.2.33

(이해가능성) 정보를 명확하고 간결하게 분류하고 특징지으며, 표시하는 것은 정보를 이해가능하게 한다.(2.34)

4 재무제표와 보고기업

재무제표의 목적은 보고기업에 유입될 미래순현금흐름에 대한 전망과 보고기업의 경제적자원에 대한 경영진의 수탁책임을 평가하는 데 유용한 보고기업의 자산, 부채, 자본, 수익 및 비용에 대한 재무정보를 재무제표이용자들에게 제공하는 것이다.(3.2)

이러한 정보는 다음을 통해 제공된다.(3.3)

(1) 자산, 부채 및 자본이 인식된 재무상태표

(2) 수익과 비용이 인식된 재무성과표

(3) 다음에 관한 정보가 표시되고 공시된 다른 재무제표와 주석

(가) 인식된 자산, 부채, 자본, 수익 및 비용(문단 5.1 참조), 그

각각의 성격과 인식된 자산 및 부채에서 발생하는 위험에 대한 정보를 포함한다.

(나) 인식되지 않은 자산 및 부채(문단 5.6 참조), 그 각각의 성격과 인식되지 않은 자산과 부채에서 발생하는 위험에 대한 정보를 포함한다.

(다) 현금흐름

(라) 자본청구권 보유자의 출자와 자본청구권 보유자에 대한 분배

(마) 표시되거나 공시된 금액을 추정하는 데 사용된 방법, 가정과 판단 및 그러한 방법, 가정과 판단의 변경

재무제표이용자들이 변화와 추세를 식별하고 평가하는 것을 돕기 위해, 재무제표는 최소한 직전 연도에 대한 비교정보를 제공한다.(3.5)

보고기업은 재무제표를 작성해야 하거나 작성하기로 선택한 기업이다. 보고기업은 단일의 실체이거나 어떤 실체의 일부일 수 있으며, 둘 이상의 실체로 구성될 수도 있다. 보고기업이 반드시 법적 실체일 필요는 없다.(3.10)

한 기업(지배기업)이 다른 기업(종속기업)을 지배하는 경우가 있다. 보고기업이 지배기업과 종속기업으로 구성된다면 그 보고기업의 재무제표를 '연결재무제표'라고 부른다. 보고기업이 지배기업 단독인 경우 그 보고기업의 재무제표를 '비연결재무제표'라고 부른다.(3.11)

5 재무제표를 구성하는 요소의 정의, 인식 및 측정

재무제표의 목적은 보고기업에 유입될 미래순현금흐름에 대한 전망과 보고기업의 경제적자원에 대한 경영진의 수탁책임을 평가하는 데 유용한 보고기업의 자산, 부채, 자본, 수익 및 비용에 대한 재무정보

를 재무제표이용자들에게 제공하는 것이다.(3.2)

재무제표는 특정 기간(보고기간)에 대하여 작성되며 다음에 관한 정보를 제공한다.(3.4)

(1) 보고기간말 현재 또는 보고기간 중 존재했던 자산과 부채(미인식된 자산과 부채 포함) 및 자본

(2) 보고기간의 수익과 비용

재무제표이용자들이 변화와 추세를 식별하고 평가하는 것을 돕기 위해, 재무제표는 최소한 직전 연도에 대한 비교정보를 제공한다.(3.5)

보고기업은 재무제표를 작성해야 하거나 작성하기로 선택한 기업이다. 보고기업은 단일의 실체이거나 어떤 실체의 일부일 수 있으며, 둘 이상의 실체로 구성될 수도 있다. 보고기업이 반드시 법적 실체일 필요는 없다.(3.10)

한 기업(지배기업)이 다른 기업(종속기업)을 지배하는 경우가 있다. 보고기업이 지배기업과 종속기업으로 구성된다면 그 보고기업의 재무제표를 '연결재무제표'라고 부른다. 보고기업이 지배기업 단독인 경우 그 보고기업의 재무제표를 '비연결재무제표'라고 부른다.(3.11)

이러한 요소들은 제1장에서 논의된 경제적자원, 청구권 및 경제적자원과 청구권의 변동과 연계되어 있으며, 표에 정의되어 있다.(4.2)

〈표 1-1〉 재무제표 요소

항목	요소	정의 또는 설명
경제적자원	자산	과거사건의 결과로 기업이 통제하는 현재의 경제적자원. 경제적자원은 경제적효익을 창출할 잠재력을 지닌 권리이다.
청구권	부채	과거사건의 결과로 기업의 경제적자원을 이전해야 하는 현재의무
	자본	기업의 자산에서 모든 부채를 차감한 후의 잔여지분
재무성과를 반영하는 경제적자원 및 청구권의 변동	수익	자본의 증가를 가져오는 자산의 증가나 부채의 감소로서, 자본청구권 보유자의 출자와 관련된 것은 제외
	비용	자본의 감소를 가져오는 자산의 감소나 부채의 증가로서, 자본청구권 보유자에 대한 분배와 관련된 것은 제외
그 밖의 경제적자원 및 청구권의 변동	–	자본청구권 보유자에 의한 출자와 그들에 대한 분배
	–	자본의 증가나 감소를 초래하지 않는 자산이나 부채의 교환

자산은 과거사건의 결과로 기업이 통제하는 현재의 경제적자원이다.(4.3)

경제적자원은 경제적효익을 창출할 잠재력을 지닌 권리이다.(4.4)

부채는 과거사건의 결과로 기업이 경제적자원을 이전해야 하는 현재의무이다.(4.26)

자본은 기업의 자산에서 모든 부채를 차감한 후의 잔여지분이

다.(4.63)

수익은 자산의 증가 또는 부채의 감소로서 자본의 증가를 가져오며, 자본청구권 보유자의 출자와 관련된 것을 제외한다.(4.68)

비용은 자산의 감소 또는 부채의 증가로서 자본의 감소를 가져오며, 자본청구권 보유자에 대한 분배와 관련된 것을 제외한다.(4.69)

인식은 자산, 부채, 자본, 수익 또는 비용과 같은 재무제표 요소 중 하나의 정의를 충족하는 항목을 재무상태표나 재무성과표에 포함하기 위하여 포착하는 과정이다. 인식은 그러한 재무제표 중 하나에 어떤 항목(단독으로 또는 다른 항목과 통합하여)을 명칭과 화폐금액으로 나타내고, 그 항목을 해당 재무제표의 하나 이상의 합계에 포함시키는 것과 관련된다. 자산, 부채 또는 자본이 재무상태표에 인식되는 금액을 '장부금액'이라고 한다.(5.1)

[그림 1-1] 인식에 따라 재무제표 요소들이 연계되는 방법

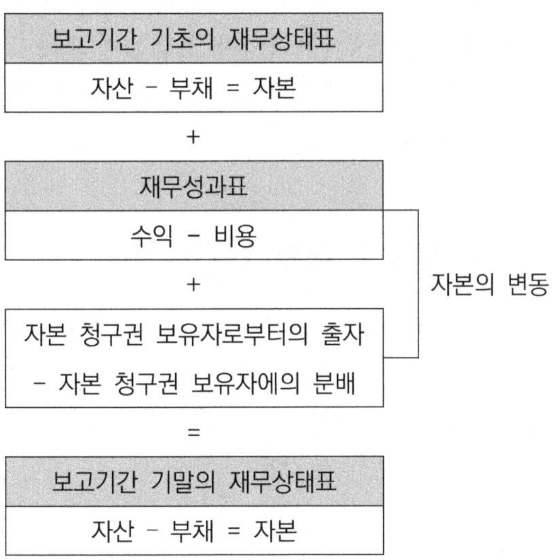

6 자본 및 자본유지의 개념

대부분의 기업은 자본의 재무적 개념에 기초하여 재무제표를 작성한다. 자본을 투자된 화폐액 또는 투자된 구매력으로 보는 재무적 개념하에서 자본은 기업의 순자산이나 지분과 동의어로 사용된다. 자본을 조업능력으로 보는 자본의 실물적 개념 하에서는 자본은 예를 들어, 1일 생산수량과 같은 기업의 생산능력으로 간주된다.(8.1)

문단 8.1의 자본개념에 따라 다음과 같은 자본유지개념이 도출된다.(8.3)

(1) 재무자본유지. 재무자본유지 개념 하에서 이익은 해당 기간 동안 소유주에게 배분하거나 소유주가 출연한 부분을 제외하고 기말 순자산의 재무적 측정금액(화폐금액)이 기초 순자산의 재무적 측정금액(화폐금액)을 초과하는 경우에만 발생한다. 재무자본유지는 명목화폐단위 또는 불변구매력단위를 이용하여 측정할 수 있다.

(2) 실물자본유지. 실물자본유지개념 하에서 이익은 해당 기간 동안 소유주에게 배분하거나 소유주가 출연한 부분을 제외하고 기업의 기말 실물생산능력이나 조업능력(또는 그러한 생산능력을 갖추기 위해 필요한 자원이나 기금)이 기초 실물생산능력을 초과하는 경우에만 발생한다.

7 유용한 재무보고에 대한 원가제약

원가는 재무보고로 제공될 수 있는 정보에 대한 포괄적 제약요인이다. 재무정보의 보고에는 원가가 소요되고, 해당 정보 보고의 효익이 그 원가를 정당화한다는 것이 중요하다. 고려해야 할 몇 가지 유형의 원가와 효익이 있다.(2.39)

8 계속기업의 가정

재무제표는 일반적으로 보고기업이 계속기업이며 예측가능한 미래에 영업을 계속할 것이라는 가정 하에 작성된다. 따라서 기업이 청산을 하거나 거래를 중단하려는 의도가 없으며, 그럴 필요도 없다고 가정한다. 만약 그러한 의도나 필요가 있다면, 재무제표는 계속기업과는 다른 기준에 따라 작성되어야 한다. 그러한 경우라면, 사용된 기준을 재무제표에 기술한다.(3.9)

〈출처: K-IFRS 재무보고를 위한 개념체계〉

* 괄호안의 숫자는 기준서 문단번호를 나타냄

01 유용한 재무정보의 질적특성에 관한 설명으로 옳은 것은?

〈2021 감정평가사〉

① 근본적 질적특성은 목적적합성과 검증가능성이다.
② 목적적합한 재무정보는 이용자들의 의사결정에 차이가 나도록 할 수 있다.
③ 보고기간이 지난 정보는 더 이상 적시성을 갖지 않는다.
④ 정보가 비교가능하기 위해서는 비슷한 것은 다르게 보여야 하고 다른 것은 비슷하게 보여야 한다.
⑤ 표현충실성에서 오류가 없다는 것은 모든 면에서 완벽하게 정확하다는 것을 의미한다.

해설

② 목적적합한 재무정보는 이용자들의 의사결정에 차이가 나도록 할 수 있다.

[K-IFRS 재무보고를 위한 개념체계]

2.6 목적적합한 재무정보는 이용자들의 의사결정에 차이가 나도록 할 수 있다. 정보는 일부 이용자들이 이를 이용하지 않기로 선택하거나 다른 원천을 통하여 이미 이를 알고 있다고 할지라도 의사결정에 차이가 나도록 할 수 있다.

02 공정가치 측정에 관한 설명으로 옳지 않은 것은? 〈2021 감정평가사〉

① 공정가치란 측정일에 시장참여자 사이의 정상거래에서 자산을 매도할 때 받거나 부채를 이전할 때 지급하게 될 가격이다.
② 공정가치는 시장에 근거한 측정치이며 기업 특유의 측정치가 아니다.
③ 공정가치를 측정하기 위해 사용하는 가치평가기법은 관측할 수 있는 투입변수를 최소한으로 사용하고 관측할 수 없는 투입변수를 최대한으로 사용한다.
④ 기업은 시장참여자가 경제적으로 최선의 행동을 한다는 가정 하에, 시장참여자가 자산이나 부채의 가격을 결정할 때 사용할 가정에 근거하여 자산이나 부채의 공정가치를 측정하여야 한다.
⑤ 비금융자산의 공정가치를 측정할 때는 자신이 그 자산을 최고 최선으로 사용하거나 최고 최선으로 사용할 다른 시장참여자에게 그 자산을 매도함으로써 경제적 효익을 창출할 수 있는 시장참여자의 능력을 고려한다.

해설

③ 공정가치를 측정하기 위해 사용하는 가치평가기법은 관측할 수 있는 투입변수를 최소한으로 사용하고 관측할 수 없는 투입변수를 최대한으로 사용한다.

[K-IFRS 제1113호 공정가치 측정]

3 동일한 자산이나 부채의 가격을 관측할 수 없는 경우에는 관측할 수 있는 관련된 투입변수를 최대한으로 사용하고 관측할 수 없는 투입변수를 최소한으로 사용하는 다른 가치평가기법을 사용하여 공정가치를 측정한다. 공정가치는 시장에 근거한 측정치이므로 위험에 대한 가정을 포함하여, 시장참여자가 자산이나 부채의 가격을 결정할 때 사용하게 될 가정을 사용하여 측정된다. 결과적으로 기업이 자산을 보유하려는 의도는 부채를 결제하거나 이행하려는 공정가치를 측정할 때 관련이 없다.

03 재무보고를 위한 개념체계 중 재무정보의 질적특성에 관한 설명으로 옳지 않은 것은? 〈2020 감정평가사〉

① 유용한 재무정보의 질적특성은 그 밖의 방법으로 제공되는 재무정보뿐만 아니라 재무제표에서 제공되는 재무정보에도 적용된다.
② 중요성은 기업 특유 관점의 목적적합성을 의미하므로 회계기준위원회는 중요성에 대한 획일적인 계량 임계치를 정하거나 특정한 상황에서 무엇이 중요한 것인지를 미리 결정하여야 한다.
③ 재무정보의 예측가치와 확인가치는 상호 연관되어 있다. 예측가치를 갖는 정보는 확인가치도 갖는 경우가 많다.
④ 재무보고의 목적을 달성하기 위해 근본적 질적특성 간 절충(trade-off)이 필요할 수도 있다.
⑤ 근본적 질적특성을 충족하면 어느 정도의 비교가능성은 달성될 수 있다.

해설

② 중요성은 기업 특유 관점의 목적적합성을 의미하므로 회계기준위원회는 중요성에 대한 획일적인 계량 임계치를 정하거나 특정한 상황에서 무엇이 중요한 것인지를 미리 결정하여야 한다.

[K-IFRS 재무보고를 위한 개념체계]

2.11 특정 보고기업에 대한 재무정보를 제공하는 일반목적재무보고서(문단 1.5 참조)에 정보를 누락하거나 잘못기재하거나 불분명하게 하여, 이를 기초로 내리는 주요 이용자들의 의사결정에 영향을 줄 것으로 합리적으로 예상할 수 있다면 그 정보는 중요한 것이다. 즉, 중요성은 개별 기업 재무보고서 관점에서 해당 정보와 관련된 항목의 성격이나 규모 또는 이 둘 다에 근거하여 해당 기업에 특유한 측면의 목적적합성을 의미한다. 따라서 회계기준위원회는 중요성에 대한 획일적인 계량 임계치를 정하거나 특정한 상황에서 무엇이 중요한 것인지를 미리 결정할 수 없다.

04 일반목적재무보고에 대한 설명으로 옳지 않은 것은? 〈2021 7급〉

① 많은 현재 및 잠재적 투자자, 대여자 및 그 밖의 채권자는 정보를 제공하도록 보고기업에 직접 요구할 수 없다.
② 일반목적재무보고서는 현재 및 잠재적 투자자, 대여자와 그 밖의 채권자가 필요로 하는 모든 정보를 제공한다.
③ 일반목적재무보고서는 보고기업의 가치를 보여주기 위해 고안된 것이 아니다.
④ 경영진은 필요로 하는 재무정보를 내부에서 구할 수 있기 때문에 일반목적재무보고서에 의존할 필요가 없다.

해설

② 일반목적재무보고서는 현재 및 잠재적 투자자, 대여자와 그 밖의 채권자가 필요로 하는 모든 정보를 제공한다.

[K-IFRS 재무보고를 위한 개념체계]

2.41 목적적합하고 나타내고자 하는 바가 충실하게 표현된 재무정보를 보고하는 것은 이용자들이 더 확신을 가지고 의사결정하는 데 도움이 된다. 이것은 자본시장이 더 효율적으로 기능하도록 하고, 경제 전반적으로 자본비용을 감소시킨다. 개별 투자자, 대여자와 그 밖의 채권자도 더 많은 정보에 근거한 의사결정을 함으로써 효익을 얻는다. 그러나 모든 이용자가 목적적합하다고 보는 모든 정보를 일반목적재무보고서에서 제공하는 것은 가능하지 않다.

05 「재무보고를 위한 개념체계」에서 제시된 '측정'에 대한 설명으로 옳지 않은 것은? 〈2020 7급〉

① 역사적 원가와는 달리 자산이나 부채의 현행가치는 자산이나 부채를 발생시킨 거래나 그 밖의 사건의 가격으로부터 부분적으로라도 도출되지 않는다.
② 자산의 공정가치는 측정일 현재 동등한 자산의 원가로서 측정일에 지급할 대가와 그날에 발생할 거래원가를 포함한다.
③ 사용가치는 기업이 자산의 사용과 궁극적인 처분으로 얻을 것으로 기대하는 현금흐름 또는 그 밖의 경제적효익의 현재가치이다.
④ 사용가치와 이행가치는 직접 관측될 수 없으며 현금흐름기준 측정기법으로 결정된다.

해설

② 자산의 공정가치는 측정일 현재 동등한 자산의 원가로서 측정일에 지급할 대가와 그날에 발생할 거래원가를 포함한다.

[K-IFRS 재무보고를 위한 개념체계]

6.21 자산의 현행원가는 측정일 현재 동등한 자산의 원가로서 측정일에 지급할 대가와 그 날에 발생할 거래원가를 포함한다. 부채의 현행원가는 측정일 현재 동등한 부채에 대해 수취할 수 있는 대가에서 그 날에 발생할 거래원가를 차감한다. 현행원가는 역사적 원가와 마찬가지로 유입가치이다. 이는 기업이 자산을 취득하거나 부채를 발생시킬 시장에서의 가격을 반영한다. 이런 이유로, 현행원가는 유출가치인 공정가치, 사용가치 또는 이행가치와 다르다. 그러나 현행원가는 역사적 원가와 달리 측정일의 조건을 반영한다.

06 '유용한 재무정보의 질적 특성' 중 목적적합성에 대한 설명으로 옳지 않은 것은? 〈2020 7급〉

① 재무정보에 예측가치, 확인가치 또는 이 둘 모두가 있다면 그 재무정보는 의사결정에 차이가 나도록 할 수 있다.
② 재무정보가 과거 평가에 대해 피드백을 제공한다면(과거 평가를 확인하거나 변경시킨다면) 확인가치를 갖는다.
③ 재무정보의 예측가치와 확인가치는 상호 연관되어 있다.
④ 재무정보가 예측가치를 갖기 위해서는 그 자체가 명백한 예측치 또는 예상치 형태를 갖추어야만 한다.

해설

④ 재무정보가 예측가치를 갖기 위해서는 그 자체가 명백한 예측치 또는 예상치 형태를 갖추어야만 한다.

[K-IFRS 재무보고를 위한 개념체계]

2.6 목적적합한 재무정보는 이용자들의 의사결정에 차이가 나도록 할 수 있다. 정보는 일부 이용자들이 이를 이용하지 않기로 선택하거나 다른 원천을 통하여 이미 이를 알고 있다고 할지라도 의사결정에 차이가 나도록 할 수 있다.

2.7 재무정보에 예측가치, 확인가치 또는 이 둘 모두가 있다면 그 재무정보는 의사결정에 차이가 나도록 할 수 있다.

2.8 이용자들이 미래 결과를 예측하기 위해 사용하는 절차의 투입요소로 재무정보가 사용될 수 있다면, 그 재무정보는 예측가치를 갖는다. 재무정보가 예측가치를 갖기 위해서 그 자체가 예측치 또는 예상치일 필요는 없다. 예측가치를 갖는 재무정보는 이용자들 자신이 예측하는 데 사용된다.

2.9 재무정보가 과거 평가에 대해 피드백을 제공한다면 (과거 평가를 확인하거나 변경시킨다면) 확인가치를 갖는다.

2.10 재무정보의 예측가치와 확인가치는 상호 연관되어 있다. 예측가치를 갖는 정보는 확인가치도 갖는 경우가 많다. 예를 들어, 미래 연도 수익의 예측 근거로 사용될 수 있는 당해 연도 수익 정보를 과거 연도에 행한 당해 연도 수익 예측치와 비교할 수 있다. 그 비교 결과는 이용자가 그 과거 예측에 사용한 절차를 수정하고 개선하는 데 도움을 줄 수 있다.

07 회계정보와 관련한 설명으로 옳지 않은 것은? 〈2021 9급〉

① 경영자는 회계정보를 생산하여 외부 이해관계자들에게 공급하는 주체로서 회계정보의 공급자이므로 수요자는 아니다.
② 경제의 주요 관심사는 유한한 자원을 효율적으로 사용하는 것인데, 회계정보는 우량기업과 비우량기업을 구별하는 데 이용되어 의사결정에 도움을 준다.
③ 회계정보의 신뢰성을 확보하기 위하여 기업은 회계기준에 따라 재무제표를 작성하고, 외부감사인의 감사를 받는다.
④ 외부감사는 전문자격을 부여받은 공인회계사가 할 수 있다.

해설

① 경영자는 회계정보를 생산하여 외부 이해관계자들에게 공급하는 주체로서 회계정보의 공급자이므로 수요자는 아니다.

[K-IFRS 재무보고를 위한 개념체계]

1.9 보고기업의 경영진도 해당 기업에 대한 재무정보에 관심이 있다. 그러나 경영진은 필요로 하는 재무정보를 내부에서 구할 수 있기 때문에 일반목적재무보고서에 의존할 필요가 없다.

08 재무보고를 위한 개념체계에서 보고기업에 대한 설명으로 옳지 않은 것은? 〈2021 9급〉

① 보고기업은 재무제표를 작성해야 하거나 작성하기로 선택한 기업이다.
② 보고기업은 둘 이상의 실체로 구성될 수도 있다.
③ 보고기업은 반드시 법적 실체와 일치한다.
④ 보고기업이 지배기업과 종속기업으로 구성된다면 그 보고기업의 재무제표를 연결재무제표라고 한다.

해설

③ 보고기업은 반드시 법적 실체와 일치한다.

[K-IFRS 재무보고를 위한 개념체계]

3.10 보고기업은 재무제표를 작성해야 하거나 작성하기로 선택한 기업이다. 보고기업은 단일의 실체이거나 어떤 실체의 일부일 수 있으며, 둘 이상의 실체로 구성될 수도 있다. 보고기업이 반드시 법적 실체일 필요는 없다.

09

「재무보고를 위한 개념체계」에서 제시된 회계정보의 질적 특성에 대한 설명으로 옳지 않은 것은? 〈2020 9급〉

① 표현충실성은 모든 면에서 정확한 것을 의미한다.
② 검증가능성은 정보가 나타내고자 하는 경제적 현상을 충실히 표현하는지를 정보이용자가 확인하는 데 도움을 준다.
③ 정보를 정확하고 간결하게 분류하고, 특징지으며, 표시하는 것은 정보를 이해가능하게 한다.
④ 적시성은 의사결정에 영향을 미칠 수 있도록 의사결정자가 정보를 제때에 이용가능하게 하는 것을 의미한다.

해설

① 표현충실성은 모든 면에서 정확한 것을 의미한다.

[K-IFRS 재무보고를 위한 개념체계]

2.12 재무보고서는 경제적 현상을 글과 숫자로 나타내는 것이다. 재무정보가 유용하기 위해서는 목적적합한 현상을 표현하는 것뿐만 아니라 나타내고자 하는 현상의 실질을 충실하게 표현해야 한다. 많은 경우, 경제적 현상의 실질과 그 법적 형식은 같다. 만약 같지 않다면, 법적 형식에 따른 정보만 제공해서는 경제적 현상을 충실하게 표현할 수 없을 것이다(문단 4.59~4.62 참조).

2.13 완벽한 표현충실성을 위해서는 서술에 세 가지의 특성이 있어야 할 것이다. 서술은 완전하고, 중립적이며, 오류가 없어야 할 것이다. 물론 완벽은 이루기 매우 어렵다. 회계기준위원회의 목적은 가능한 한 이러한 특성을 극대화하는 것이다.

2.18 표현충실성은 모든 면에서 정확한 것을 의미하지는 않는다. 오류가 없다는 것은 현상의 기술에 오류나 누락이 없고, 보고 정보를 생산하는 데 사용되는 절차의 선택과 적용 시 절차상 오류가 없음을 의미한다. 이 맥락에서 오류가 없다는 것은 모든 면에서 완벽하게 정확하다는 것을 의미하지는 않는다. 예를 들어, 관측가능하지 않은 가격이나 가치의 추정치는 정확한지 또는 부정확한지 결정할 수 없다. 그러나 추정치로서 금액을 명확하고 정확하게 기술하고, 추정 절차의 성격과 한계를 설명하며, 그 추정치를 도출하기 위한 적절한 절차를 선택하고 적용하는 데 오류가 없다면 그 추정치의 표현은 충실하다고 할 수 있다.

10 **재무보고를 위한 개념체계에서 재무정보의 질적 특성에 대한 설명으로 옳지 않은 것은?** 〈2021 9급〉

① 재무정보에 예측가치, 확인가치 또는 이 둘 모두가 있다면 그 재무정보는 목적적합성을 가진다고 할 수 있다.
② 보강적 질적 특성은 근본적 특성을 보강시키는 특성으로 비교가능성, 검증가능성, 적시성, 이해가능성이 있다.
③ 동일한 경제현상에 대해 대체적인 회계처리방법을 허용하면 비교가능성은 증가한다.
④ 적시성은 의사결정에 영향을 미칠 수 있도록 의사결정자가 정보를 제때에 이용가능하게 하는 것을 의미한다.

해설

③ 동일한 경제현상에 대해 대체적인 회계처리방법을 허용하면 비교가능성은 증가한다.

[K-IFRS 재무보고를 위한 개념체계]

2.26 일관성은 비교가능성과 관련은 되어 있지만 동일하지는 않다. 일관성은 한 보고기업 내에서 기간 간 또는 같은 기간 동안에 기업 간, 동일한 항목에 대해 동일한 방법을 적용하는 것을 말한다. 비교가능성은 목표이고 일관성은 그 목표를 달성하는 데 도움을 준다.

2.29 하나의 경제적 현상은 여러 가지 방법으로 충실하게 표현될 수 있으나, 동일한 경제적 현상에 대해 대체적인 회계처리방법을 허용하면 비교가능성이 감소한다.

11 재무보고를 위한 개념체계에서 재무제표 기본요소의 인식에 대한 설명으로 옳지 않은 것은? 〈2021 9급〉

① 특정 자산과 부채를 인식하기 위해서는 측정을 해야 하며 많은 경우 그러한 측정은 추정될 수 없다.
② 자산, 부채 또는 자본의 정의를 충족하는 항목만이 재무상태표에 인식되며 그러한 요소 중 하나의 정의를 충족하는 항목이라고 할지라도 항상 인식되는 것은 아니다.
③ 거래나 그 밖의 사건에서 발생된 자산이나 부채의 최초 인식에 따라 수익과 관련된 비용을 동시에 인식할 수 있다.
④ 경제적효익의 유입가능성이나 유출가능성이 낮더라도 자산이나 부채가 존재할 수 있다.

해설

① 특정 자산과 부채를 인식하기 위해서는 측정을 해야 하며 많은 경우 그러한 측정은 추정될 수 없다.

[K-IFRS 재무보고를 위한 개념체계]

5.19 자산이나 부채를 인식하기 위해서는 측정을 해야 한다. 많은 경우 그러한 측정은 추정되어야 하며 따라서 측정불확실성의 영향을 받는다. 문단 2.19에서 언급한 바와 같이, 합리적인 추정의 사용은 재무정보 작성의 필수적인 부분이며 추정치를 명확하고 정확하게 기술하고 설명한다면 정보의 유용성을 훼손하지 않는다. 높은 수준의 측정불확실성이 있더라도 그러한 추정치가 유용한 정보를 반드시 제공하지 못하는 것은 아니다.

5.20 경우에 따라 자산이나 부채를 측정하는데 추정과 관련된 불확실성 수준이 너무 높아서, 이러한 추정으로 해당 자산이나 부채 및 이에 따른 결과로 발생하는 수익, 비용 또는 자본의 변동을 충분히 충실하게 표현할 수 있는지 의심스러울 수 있다. 예를 들어, 자산이나 부채를 측정하기 위해 현금흐름기준 측정기법을 사용하여 측정하는 것이 유일한 추정방법이고, 다음 상황 중 하나 이상에 해당하는 경우에는 측정불확실성이 너무 높은 수준일 수 있다.

⑴ 발생가능한 결과가 매우 광범위하고, 각 결과의 가능성을 추정하기가 매우 어렵다.

⑵ 측정치가 다른 결과의 가능성에 대한 추정의 작은 변화에 매우 민감하다(예: 미래의 현금유입가능성이나 유출가능성은 매우 낮지만, 일단 발생할 경우 이러한 현금유입이나 현금유출의 크기가 매우 클 경우).

⑶ 자산이나 부채를 측정하기 위해 측정대상인 자산이나 부채에만 관련되지 않는 현금흐름에 대한 배분이 요구되고 그것이 매우 어렵거나 매우 주관적이다.

12 재무제표 표시에 제시된 계속기업에 대한 설명으로 옳지 않은 것은?

〈2020 9급〉

① 경영진은 재무제표를 작성할 때, 계속기업으로서의 존속가능성을 평가하지 않는다.

② 경영진이 기업을 청산하거나 경영활동을 중단할 의도를 가지고 있지 않거나, 청산 또는 경영활동의 중단 외에 다른 현실적 대안이 없는 경우가 아니면 계속기업을 전제로 재무제표를 작성한다.

③ 계속기업으로서의 존속능력에 유의적인 의문이 제기될 수 있는 사건이나 상황과 관련된 중요한 불확실성을 알게 된 경우, 경영진은 그러한 불확실성을 공시하여야 한다.

④ 재무제표가 계속기업의 기준하에 작성되지 않는 경우에는 그 사실과 함께 재무제표가 작성된 기준 및 그 기업을 계속기업으로 보지 않는 이유를 공시하여야 한다.

해설

① 경영진은 재무제표를 작성할 때, 계속기업으로서의 존속가능성을 평가하지 않는다.

[K-IFRS 재무보고를 위한 개념체계]

3.9 재무제표는 일반적으로 보고기업이 계속기업이며 예측가능한 미래에 영업을 계속할 것이라는 가정 하에 작성된다. 따라서 기업이 청산을 하거나 거래를 중단하려는 의도가 없으며, 그럴 필요도 없다고 가정한다. 만약 그러한 의도나 필요가 있다면, 재무제표는 계속기업과는 다른 기준에 따라 작성되어야 한다. 그러한 경우라면 사용된 기준을 재무제표에 기술한다.

13 유용한 재무정보의 질적특성에 대한 설명으로 옳지 않은 것은?

〈2020 9급〉

① 재무정보가 유용하기 위해서는 목적적합해야 하고 나타내고자 하는 바를 충실하게 표현해야 한다.

② 목적적합한 재무정보는 이용자들의 의사결정에 차이가 나도록 할 수 있다.

③ 이해가능성은 합리적인 판단력이 있고 독립적인 서로 다른 관찰자가 어떤 서술이 표현충실성에 있어, 비록 반드시 완전히 의견이 일치하지는 않더라도, 합의에 이를 수 있다는 것을 의미한다.

④ 비교가능성, 검증가능성, 적시성 및 이해가능성은 목적적합성과 나타내고자 하는 바를 충실하게 표현하는 것 모두를 충족하는 정보의 유용성을 보강시키는 질적특성이다.

해설

③ 이해가능성은 합리적인 판단력이 있고 독립적인 서로 다른 관찰자가 어떤 서술이 표현충실성에 있어, 비록 반드시 완전히 의견이 일치하지는 않더라도, 합의에 이를 수 있다는 것을 의미한다.

[K-IFRS 재무보고를 위한 개념체계]

2.30 검증가능성은 정보가 나타내고자 하는 경제적 현상을 충실히 표현하는지를 이용자들이 확인하는 데 도움을 준다. 검증가능성은 합리적인 판단력이 있고 독립적인 서로 다른 관찰자가 어떤 서술이 표현충실성에 있어, 비록 반드시 완전히 의견이 일치하지는 않더라도, 합의에 이를 수 있다는 것을 의미한다. 계량화된 정보가 검증가능하기 위해서 단일 점추정치이어야 할 필요는 없다. 가능한 금액의 범위 및 관련된 확률도 검증될 수 있다.

2.34 정보를 명확하고 간결하게 분류하고, 특징지으며, 표시하는 것은 정보를 이해가능하게 한다.

2.35 일부 현상은 본질적으로 복잡하여 이해하기 쉽지 않다. 그 현상에 대한 정보를 재무보고서에서 제외하면 그 재무보고서의 정보를 더 이해하기 쉽게 할 수 있다. 그러나 그 보고서는 불완전하여 잠재적으로 오도할 수 있다.

2.36 재무보고서는 사업활동과 경제활동에 대해 합리적인 지식이 있고, 부지런히 정보를 검토하고 분석하는 이용자들을 위해 작성된다. 때로는 박식하고 부지런한 이용자들도 복잡한 경제적 현상에 대한 정보를 이해하기 위해 자문가의 도움을 받는 것이 필요할 수 있다.

14 다음 설명에 해당하는 용어는? 〈2021 경영지도사〉

> • 재무제표 각 요소를 재무상태표나 포괄손익계산서에 반영하는 과정을 말한다.
> • 이 과정을 통하여 재무제표에 해당 항목의 명칭과 화폐금액이 나타나게 된다.

① 인식
② 통합
③ 분류
④ 측정
⑤ 제거

해설

① 인식

[K-IFRS 재무보고를 위한 개념체계]

5.1 인식은 자산, 부채, 자본, 수익 또는 비용과 같은 재무제표 요소 중 하나의 정의를 충족하는 항목을 재무상태표나 재무성과표에 포함하기 위하여 포착하는 과정이다. 인식은 그러한 재무제표 중 하나에 어떤 항목(단독으로 또는 다른 항목과 통합하여)을 명칭과 화폐금액으로 나타내고, 그 항목을 해당 재무제표의 하나 이상의 합계에 포함시키는 것과 관련된다. 자산, 부채 또는 자본이 재무상태표에 인식되는 금액을 '장부금액'이라고 한다.

15 유용한 재무정보의 질적특성에 관한 설명으로 옳지 않은 것은?

〈2020 경영지도사〉

① 재무정보가 유용하기 위해서는 목적적합해야 하고 나타내고자 하는 바를 충실하게 표현해야 한다.
② 근본적 질적특성은 목적적합성과 표현충실성이다.
③ 재무정보가 예측가치를 갖기 위해서 그 자체가 예측치 또는 예상치이어야 한다.
④ 때로는 하나의 보강적 질적특성이 다른 질적특성의 극대화를 위해 감소되어야 할 수도 있다.
⑤ 원가는 재무보고로 제공될 수 있는 정보에 대한 포괄적 제약요인이다.

해설

③ 재무정보가 예측가치를 갖기 위해서 그 자체가 예측치 또는 예상치이어야 한다.

[K-IFRS 재무보고를 위한 개념체계]

2.8 이용자들이 미래 결과를 예측하기 위해 사용하는 절차의 투입요소로 재무정보가 사용될 수 있다면, 그 재무정보는 예측가치를 갖는다. 재무정보가 예측가치를 갖기 위해서 그 자체가 예측치 또는 예상치일 필요는 없다. 예측가치를 갖는 재무정보는 이용자들 자신이 예측하는 데 사용된다.

CHAPTER

2

회계순환과정

CHAPTER 2

회계순환과정

1 복식부기시스템

(1) 계정의 왼쪽은 차변, 계정의 오른쪽은 대변

□ 회계상 거래가 발생했을 때 계정의 성질에 따라 차변(왼쪽)과 대변(오른쪽)에 기록하는 방법이 복식부기시스템

- 자산의 증가(차변), 자산의 감소(대변) → 평상잔액은 차변
- 부채의 감소(차변), 부채의 증가(대변) → 평상잔액은 대변
- 자본의 감소(차변), 자본의 증가(대변) → 평상잔액은 대변

□ 따라서 자산의 평상잔액 차변, 부채와 자본의 평상잔액 대변 → 재무상태표에서 자산은 차변, 부채와 자본은 대변에 표시

(2) 회계등식 = 재무상태표등식 = 대차균형의 원리

□ 자산 = 부채 + 자본 = 채권자지분 + 소유주지분

재무상태표

자산(평상잔액)	부채(평상잔액)=채권자지분
	자본(평상잔액)=소유주지분

2 회계순환과정

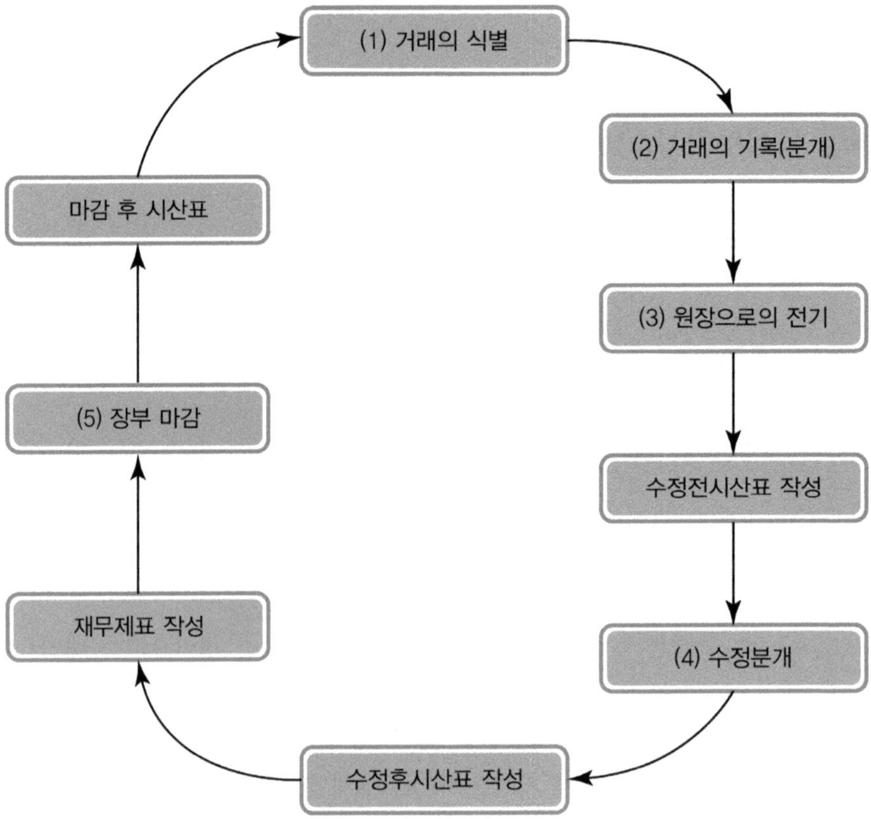

(1) **거래의 식별과 기록** : 자산, 부채, 자본의 증감에 영향을 미치는 사건

(2) **거래의 기록**(= 분개) : 자산, 부채, 자본, 수익, 비용을 증가 또는 감소에 따라 차변 또는 대변에 기록

(3) **원장으로의 전기** : 분개 내용을 해당 계정의 원장으로 옮겨 적기

(4) 수정분개 : 발생주의 회계에 따라 당기 수익과 비용을 적절히 대응시키고, 회계기말에 자산, 부채 및 자본을 정확하게 표시하기 위해 회계기말에 하는 분개

① **발생주의 회계** : 현금의 수취, 지급과 관계없이 수익은 가득되었을 때 인식하고, 비용은 발생했을 때 인식하는 것

② **현금주의 회계** : 현금을 수취했을 때 수익을 인식하고, 현금을 지급했을 때 비용을 인식하는 것

□ 선급비용 : (선)현금지출, (후)비용인식

□ 선수수익 : (선)현금수취, (후)수익인식

□ 미지급비용 : (선)비용인식, (후)현금지출

□ 미수수익 : (선)수익인식, (후)현금수취

□ 추정항목 : 감가상각비, 대손상각비, 제품보증비

□ 자산, 부채 평가항목 : 손상차손, 자산재평가손익, 금융상품평가손익

(5) 장부마감

□ 임시계정(=명목계정=수익과 비용계정) 잔액을 '0'으로 만들어 한 회계기간의 장부를 마감하고 다음연도 거래를 새로 기록할 수 있는 상태로 만드는 절차

□ 수익계정의 누적액(오른쪽)과 같은 금액을 왼쪽에 기록하여 수익계정의 잔액을 '0'으로 만들고 같은 금액을 집합손익계정의 오른쪽으로 대체

□ 비용계정 누적액(왼쪽)과 같은 금액을 오른쪽에 기록하여 비용계정의 잔액을 '0'으로 만들고 같은 금액을 집합손익계정의 왼쪽으로 대체

① 수익계정의 마감

차)	용 역 수 익	3,000	대) 집 합 손 익	3,000

② 비용계정의 마감

차)	집 합 손 익	2,000	대) 급 여	500
			지 급 임 차 료	500
			감 가 상 각 비	500
			대 손 상 각 비	500

③ 집합손익계정의 마감

차)	집 합 손 익	1,000	대) 이 익 잉 여 금	1,000

④ 기타포괄손익계정의 마감

차)	FVOCI금융자산 평 가 이 익 (기타포괄이익)	300	대) FVOCI금융자산 평가이익누계액 (기타포괄이익누계액)	300
차)	FVOCI금융자산 평가손실누계액 (기타포괄손실누계액)	300	대) FVOCI금융자산 평 가 손 실 (기타포괄손실)	300

* FVOCI금융자산평가이익누계액과 FVOCI금융자산평가손실누계액은 상쇄되어 순액으로 표시

〈수익, 비용계정에서 집합손익계정으로 대체되는 과정〉

용역수익

집합손익	3,000	현금	3,000
	3,000		3,000

급여

현금	500	집합손익	500
	500		500

지급임차료

현금	500	집합손익	500
	500		500

감가상각비

감가상각누계액	500	집합손익	500
	500		500

대손상각비

대손충당금	500	집합손익	500
	500		500

FVOCI금융자산평가이익

FVOCI금융자산평가이익누계액	300	FVOCI금융자산	300
	300		300

FVOCI금융자산평가손실

FVOCI금융자산	500	FVOCI금융자산평가손실누계액	500
	500		500

집합손익

급　　여	500	용역수익	3,000
지급임차료	500		
감가상각비	500		
대손상각비	500		
이익잉여금	1,000		
	3,000		3,000

FVOCI금융자산평가손익누계액(자본)

FVOCI금융자산평가손실	500	FVOCI금융자산평가이익	300
	500		300

01

(주)관세는 20×1년 장부마감 이전에 다음과 같은 사항을 확인하였으나, 20×1년 10월 1일에 보험료 ₩1,200을 지급(1개월 ₩100, 20×1년 10월 1일부터 20×2년 9월 30일까지 보장)하고 전액 자산으로 인식한 거래에 대하여 기말 수정분개가 누락된 것을 발견하였다. (주)관세가 이에 대한 기말 수정분개를 반영하여 장부를 마감하였을 때, 20×1년 기말부채는? 〈2021 관세사〉

• 기초자산	₩10,000	• 기초부채	₩7,000	• 기말자산	₩15,000
• 총수익	₩12,000	• 총비용	₩9,000		
• 유상증자	₩ 1,000	• 현금배당	₩100		

① ₩8,100
② ₩8,400
③ ₩8,600
④ ₩8,700
⑤ ₩9,000

해설

① ₩8,100

20×1.10.1	차)	선급보험료	1,200	대)	현금	1,200
20×1.12.31	차)	보험료	300	대)	선급보험료	300

기초 재무상태표

자산	10,000	부채	7,000
		자본	3,000
	10,000		10,000

⇒

기말 재무상태표

자산	15,000	부채(×)	8,100
		자본	6,900
	15,000		15,000

기중 증감내역	
총수익	12,000
총비용	(9,000)
당기순이익	3,000
유상증자	1,000
현금배당	(100)
자본의 증가	3,900

02 **다음은 여행서비스를 주된 영업으로 하는 (주)관세의 20×1년 3월 회계상 거래이다. 각 거래의 발생시점에 자산총액에 영향을 미치지 않는 거래를 모두 고른 것은?** 〈2021 관세사〉

ㄱ. 3월 1일: 보통주(액면금액 ₩500) 60주를 주당 ₩600에 현금 발행하였다.
ㄴ. 3월 5일: 은행에서 연 이자율 5%로 1년 동안 현금 ₩15,000을 차입하였으며, 이자는 전액 만기에 지급하기로 하였다.
ㄷ. 3월 10일: 고객에게 외상으로 여행상품을 ₩20,000에 제공하고 대금은 한 달 후에 받기로 하였다.
ㄹ. 3월 20일: 주주총회에서 주주들에게 10%의 주식배당을 실시하기로 선언하였다.
ㅁ. 3월 31일: 4월 10일 지급 예정인 3월분 직원 급여 ₩10,000을 인식하였다.

① ㄱ, ㄴ ② ㄱ, ㄷ
③ ㄴ, ㅁ ④ ㄷ, ㄹ
⑤ ㄹ, ㅁ

해설

⑤ ㄹ, ㅁ

					자산총액에 미치는 영향
ㄱ	차)	현금 36,000	대)	자본금 30,000 주식발행초과금 6,000	36,000 증가
ㄴ	차)	현금 15,000	대)	차입금 15,000	15,000 증가
ㄷ	차)	매출채권 20,000	대)	용역수익 20,000	20,000 증가
ㄹ	차)	이익잉여금 XXX	대)	자본금 XXX	−
ㅁ	차)	급여 10,000	대)	미지급급여 10,000	−

03 **다음은 (주)한국의 20×1년과 20×2년 수정전시산표의 일부이다.**

계정과목	20×1년 말	20×2년 말
매출채권	₩200,000	₩100,000
재고자산	₩100,000	₩200,000
매입채무	₩200,000	₩300,000
매출	₩500,000	₩700,000
매입	₩600,000	₩500,000

20×2년 (주)한국이 계상할 매출총이익과 직접법에 따른 영업활동으로 인한 현금증감액은? 〈2021 7급〉

	매출총이익	영업활동으로 인한 현금증감액
①	₩300,000	₩400,000 증가
②	₩300,000	₩400,000 감소
③	₩400,000	₩300,000 증가
④	₩400,000	₩300,000 감소

해설

① ₩300,000 ₩400,000 증가

매출 = 700,000

매출원가 = 기초재고 100,000 + 당기매입 500,000 − 기말재고 200,000
= 400,000

매출총이익 = 매출 700,000 − 매출원가 400,000 = 300,000

고객으로부터 현금유입(영업활동으로 인한 현금증가)
= 매출 700,000 + 매출채권 감소 100,000 = 800,000

거래처에 현금유출(영업활동으로 인한 현금감소)

= 매출원가 400,000 + 재고자산 증가 100,000 − 매입채무 증가 100,000

= 400,000

영업활동으로 인한 현금증감

= 현금유입 800,000 − 현금유출 400,000 = 400,000

04 시산표를 작성하는 중 차변합계와 대변합계가 일치하지 않은 것을 발견하였다. 이와 관련하여 시산표상 차변합계와 대변합계가 일치하지 않는 원인은? 〈2020 7급〉

① ₩50,000의 매입채무를 현금으로 상환하면서 분개를 누락하였다.
② ₩30,000의 토지를 외상으로 구입하면서 분개는 정확하게 하였지만, 원장으로 전기할 때 토지 계정 대신 건물 계정 차변에 ₩30,000, 미지급금 계정 대변에 ₩30,000으로 전기하였다.
③ [(차)매출채권 ₩35,000/ (대)매출 ₩35,000]의 분개를 원장으로 전기할 때 매출채권 계정 차변에 ₩53,000, 매출 계정 대변에 ₩35,000으로 전기하였다.
④ 건물 수선비를 현금 지급하면서 차변에 건물 ₩10,000, 대변에 현금 ₩10,000으로 분개하였다.

해설

③ [(차)매출채권 ₩35,000/ (대)매출 ₩35,000]의 분개를 원장으로 전기할 때 매출채권 계정 차변에 ₩53,000, 매출 계정 대변에 ₩35,000으로 전기하였다.

[(차)매출채권 ₩35,000/ (대)매출 ₩35,000]의 분개를 원장으로 전기할 때 매출채권 계정 차변에 ₩53,000, 매출 계정 대변에 ₩35,000으로 전기함으로써 시산표상 차변합계와 대변합계가 18,000만큼 차이 나게 된다.

05 다음의 분개장 기록 내역 중 시산표 작성을 통해 항상 자동으로 발견되는 오류만을 모두 고르면? 〈2021 9급〉

ㄱ. 기계장치를 ₩800,000에 처분하고, '(차)현금 ₩800,000/(대)기계장치 ₩80,000'으로 분개하였다. ㄴ. 건물을 ₩600,000에 처분하고, '(차)현금 ₩600,000/(대)토지 ₩600,000'으로 분개하였다. ㄷ. 토지를 ₩300,000에 처분하고, '(차)토지 ₩300,000/(대)현금 ₩300,000'으로 분개하였다. ㄹ. 신입사원과 월 ₩500,000에 고용계약을 체결하고, '(차)급여 ₩500,000/(대)미지급비용 ₩500,000'으로 분개하였다.

① ㄱ
② ㄱ, ㄹ
③ ㄱ, ㄴ, ㄷ
④ ㄱ, ㄴ, ㄷ, ㄹ

해설

① ㄱ

기계장치를 ₩800,000에 처분하고, '(차)현금 ₩800,000/(대)기계장치 ₩80,000'으로 분개함으로써 시산표상 차변합계와 대변합계의 차이를 초래하여 오류가 자동으로 발견된다.

06 **(주)한국의 수정후시산표상 자산, 부채, 수익, 비용, 자본금 금액이 다음과 같을 때, 기초이익잉여금은?** 〈2021 9급〉

계정과목	금액	계정과목	금액
매출	₩120,000	현금	₩130,000
매출원가	₩100,000	재고자산	₩200,000
급여	₩50,000	매입채무	₩170,000
선급비용	₩70,000	미지급금	₩50,000
미지급비용	₩80,000	미수수익	₩50,000
자본금	₩40,000	기초이익잉여금	?

① ₩40,000　② ₩110,000
③ ₩140,000　④ ₩300,000

해설

③ ₩140,000

수정후 시산표

자산		부채	
현금	130,000	매입채무	170,000
재고자산	200,000	미지급금	50,000
선급비용	70,000	미지급비용	80,000
미수수익	50,000		
		자본	
비용		자본금	40,000
매출원가	100,000	기초이익잉여금(×)	140,000
급여	50,000	수익	
		매출	120,000
	600,000		600,000

07 다음과 같은 현금 원장의 내용에 기반하여 추정한 날짜별 거래로 옳지 않은 것은? 〈2021 9급〉

현금			
1/15 용역수익	70,000	1/2 소모품	50,000
1/18 차입금	100,000	1/5 비품	75,000
		1/31 미지급급여	20,000

① 1월 2일 소모품 구입을 위하여 현금 ₩50,000을 지급하였다.
② 1월 15일 용역을 제공하고 현금 ₩70,000을 수취하였다.
③ 1월 18일 차입금 상환을 위하여 현금 ₩100,000을 지급하였다.
④ 1월 31일 미지급급여 ₩20,000을 현금으로 지급하였다.

해설

③ 1월 18일 차입금 상환을 위하여 현금 ₩100,000을 지급하였다.

1월 18일 현금 ₩100,000을 차입하였다.

08 **다음은 (주)한국과 관련된 거래이다. 기말 수정분개가 재무제표에 미치는 영향으로 옳은 것은? (단, 기간은 월할 계산한다)** 〈2021 9급〉

- 8월 1일 건물을 1년간 임대하기로 하고, 현금 ₩2,400을 수취하면서 임대수익으로 기록하였다.
- 10월 1일 거래처에 현금 ₩10,000을 대여하고, 1년 후 원금과 이자(연 이자율 4%)를 회수하기로 하였다.
- 11월 1일 보험료 2년분 ₩2,400을 현금지급하고, 보험료로 회계처리하였다.

① 자산이 ₩2,100만큼 증가한다.
② 비용이 ₩200만큼 증가한다.
③ 수익이 ₩100만큼 증가한다.
④ 당기순이익이 ₩900만큼 증가한다.

해설

④ 당기순이익이 ₩900만큼 증가한다.

8.1	차)	현금	2,400	대)	임대수익	2,400
10.1	차)	대여금	10,000	대)	현금	10,000
11.1	차)	보험료	2,400	대)	현금	2,400
12.31	차)	① 임대수익 ② 미수이자 ③ 선급보험료	1,400 100 2,200	대)	선수임대수익 이자수익 보험료	1,400 100 2,200

	자산	부채	수익	비용	당기순이익
①	–	1,400 증가	1,400 감소	–	1,400 감소
②	100 증가	–	100 증가	–	100 증가
③	2,200 증가	–	–	2,200 감소	2,200 증가
계	2,300 증가	1,400 증가	1,300 감소	2,200 감소	900 증가

09

제조업을 영위하는 (주)한국의 20×1년 말 재무상태표에는 매출채권에 대한 손실충당금(대손충당금) 기초 잔액은 ₩200,000이며, 이익잉여금 기초 잔액은 ₩30,000이었다. 20×1년 중 발생한 다음 사항을 반영하기 전의 당기순이익은 ₩150,000이다.

- 당기 중 거래처에 대한 매출채권 ₩70,000이 회수불능으로 확정되었다.
- 20×1년 말 매출채권 총액에 대한 기대신용손실액은 ₩250,000이다.
- 7월 1일 임대목적으로 ₩200,000의 건물을 취득하였다. 내용연수는 20년이고 잔존가치는 없다. (주)한국은 투자부동산에 대해서 공정가치모형을 적용한다. 결산일인 20×1년 말 건물의 공정가치는 ₩250,000이다.

(주)한국의 20×1년 당기순이익과 20×1년 말 이익잉여금은?

〈2021 9급〉

	당기순이익	이익잉여금
①	₩80,000	₩70,000
②	₩90,000	₩70,000
③	₩80,000	₩110,000
④	₩90,000	₩110,000

해설

③ ₩80,000 ₩110,000

20×1.12.31	차)	대손충당금	70,000	대)	매출채권	70,000
	차)	대손상각비	120,000	대)	대손충당금	120,000

대손충당금

회수불능매출채권	70,000	기초	200,000
기말	250,000	대손상각비	120,000
	320,000		320,000

20×1.12.31	차)	투자부동산 50,000	대)	투자부동산평가이익 50,000

반영전 당기순이익 150,000–반영의 영향(120,000 감소, 50,000 증가 = 순감소 70,000) = 반영후 당기순이익 80,000

기초 이익잉여금 30,000 + 반영후 당기순이익 80,000 = 반영후 이익잉여금 110,000

10 (주)한국은 20×1년 한 해 동안 영업사업부 건물의 일상적인 수선 및 유지를 위해 ₩5,300을 지출하였다. 이 중 ₩3,000은 도색비용이고 ₩2,300은 소모품 교체 비용이다. 또한, 해당 건물의 승강기 설치에 ₩6,400을 지출하였으며 새로운 비품을 ₩9,300에 구입하였다. 위의 거래 중 20×1년 12월 31일 재무상태표에 자산으로 기록할 수 있는 지출의 총액은? 〈2020 9급〉

① ₩11,700
② ₩15,700
③ ₩18,000
④ ₩21,000

해설

② ₩15,700

자산으로 기록할 수 있는 지출의 총액은 승강기 설치 6,400 + 비품 9,300 = 15,700

11 20×1년 초 설립한 (주)한국의 20×1년 말 수정전시산표는 회계기록상 계정잔액의 오류가 없었음에도 불구하고, 차변 합계와 대변 합계가 일치하지 않았다.

계정과목	차변	대변
현금	₩200	
매출	₩300	
매출채권	₩500	
건물	₩1,000	
미지급금		₩150
재고자산	₩200	
선급보험료		₩50
자본금		₩1,000
소모품	₩30	
선수수익	₩50	
미수수익		₩10
차입금		₩500
매입채무	₩50	
임차비용	₩30	
급여	₩30	
합계	₩2,390	₩1,710

위의 수정전시산표상의 오류와 다음 결산조정사항을 반영한 후 (주)한국의 20×1년 말 수정후시산표상 차변 합계는?(단, (주)한국은 저가법 적용 시 재고자산평가충당금 계정을 사용한다) 〈2020 9급〉

- 20×1년 말 재고자산의 순실현가치는 ₩10으로 확인되었다.
- 차입금의 차입일은 20×1년 7월 1일, 연 이자율 4%, 만기 1년이며, 이자는 차입원금 상환 시 일시 지급한다.

① ₩1,850
② ₩2,050
③ ₩2,250
④ ₩2,590

해설

③ ₩2,250

20×1.12.31	차)	재고자산평가손실 190	대)	재고자산평가충당금 190
	차)	이자비용 10	대)	미지급이자 10

위의 20×1.12.31 수정분개가 반영된 후의 수정후 시산표

계정과목	차변	대변
현금	₩200	
매출		₩300
매출채권	₩500	
건물	₩1,000	
미지급금		₩150
재고자산	₩200	
재고자산평가충당금		₩190
선급보험료	₩50	
자본금		₩1,000
소모품	₩30	
선수수익		₩50
미수수익	₩10	
차입금		₩500
매입채무		₩50
임차비용	₩30	
급여	₩30	
재고자산평가손실	₩190	
이자비용	₩10	
미지급이자		₩10
합계	₩2,250	₩2,250

12 **(주)한국의 다음 기말조정사항에 대한 수정분개가 당기순이익에 미치는 영향(증가 또는 감소)이 나머지 셋과 다른 것은?** 〈2020 9급〉

① 당기 7월 1일에 1년 만기 정기예금(연 6% 이자율)에 가입하고 현금 ₩1,000,000을 입금하였으나, 결산일까지 이자 수령일이 도래하지 않아 이자관련 회계처리는 하지 않았다.

② 비품에 대한 당기 감가상각비 ₩30,000을 회계처리 하지 않았다.

③ 당기 11월 1일에 소모품을 ₩50,000에 현금으로 구입하고 자산으로 인식하였다. 기말 결산일에 미사용 소모품 ₩20,000이 남아 있음을 확인하였다.

④ 당기 4월 1일부터 회사 건물을 (주)민국에게 1년간 임대하고, 1개월에 ₩10,000씩 1년분 임대료 ₩120,000을 현금으로 받아 전액 수익으로 기록하였다.

해설

① 당기 7월 1일에 1년 만기 정기예금(연 6% 이자율)에 가입하고 현금 ₩1,000,000을 입금하였으나, 결산일까지 이자 수령일이 도래하지 않아 이자관련 회계처리는 하지 않았다.

	누락된 수정분개						당기순이익에 미치는 영향
①	차)	미수이자	30,000	대)	이자수익	30,000	30,000 과소계상
②	차)	감가상각비	30,000	대)	감가상각누계액	30,000	30,000 과대계상
③	차)	소모품비	30,000	대)	소모품	30,000	30,000 과대계상
④	차)	임대수익	30,000	대)	선수임대수익	30,000	30,000 과대계상

13 (주)한국의 20×1년 중 발생한 거래는 다음과 같다.

(1)	20×1년 7월 1일 만기 1년의 정기예금에 현금 ₩100,000을 예치하였다. 정기예금의 연 이자율은 4%이며, 만기시점에 이자를 받는다.
(2)	종업원에 대한 급여는 매월 말에 지급했으나, 20×1년 12월 급여 ₩1,000은 20×1년 12월 31일에 지급하지 않고 20×2년 1월 3일에 지급하였다.
(3)	20×1년 11월 1일에 창고를 6개월간 임대하고, 1개월에 ₩1,000씩 6개월 임대료 ₩6,000을 현금으로 받아 수익으로 처리하였다.

20×1년에 발생한 기중 거래 및 결산 수정사항을 반영하여 발생기준과 현금기준으로 회계처리 하였을 때, 20×1년 당기순이익에 각각 미치는 영향은? 〈2020 9급〉

	발생기준	현금기준
①	₩3,000 감소	₩0
②	₩3,000 증가	₩0
③	₩3,000 증가	₩6,000 증가
④	₩3,000 감소	₩6,000 증가

해설

③ ₩3,000 증가 ₩6,000 증가

	발생기준	현금기준
이자수익 100,000 × 4% × 6/12	2,000	–
급여	(1,000)	–
임대료수익	2,000	6,000
	3,000	6,000

14

다음은 (주)한국의 20×1년 12월 31일 현재의 수정후시산표잔액이다.

계정과목	차변	계정과목	대변
현금	₩20,000	매입채무	₩20,000
매출채권	₩10,000	차입금	₩100,000
재고자산	₩5,000	감가상각누계액	₩50,000
토지	₩100,000	대손충당금	₩2,000
건물	₩200,000	자본금	?
매출원가	₩10,000	이익잉여금	₩9,000
감가상각비	₩5,000	매출	₩20,000
급여	₩1,000		
합계	₩351,000	합계	₩351,000

(주)한국의 20×1년 12월 31일 현재 재무상태표의 이익잉여금과 자본총계는? 〈2020 9급〉

	이익잉여금	자본총계
①	₩13,000	₩163,000
②	₩13,000	₩150,000
③	₩10,000	₩150,000
④	₩10,000	₩163,000

해설

① ₩13,000 ₩163,000

재무상태표

20×1. 12. 31

현금	20,000		
매출채권	10,000	매입채무	20,000
(대손충당금)	(2,000)	차입금	100,000
재고자산	5,000		
토지	100,000		
건물	200,000	자본금	150,000
(감가상각누계액)	(50,000)	이익잉여금	13,000
	283,000		283,000

손익계산서

20×1. 1. 1 − 12. 31

매출	20,000
매출원가	(10,000)
매출총이익	10,000
감가상각비	(5,000)
급여	(1,000)
당기순이익	4,000

15 (주)한국은 20×1년 직원들에게 ₩1,000의 급여를 현금 지급하였다. 20×1년 초 미지급급여가 ₩200, 20×1년 말 미지급급여가 ₩700이면 당기에 발생한 급여는? 〈2021 9급〉

① ₩1,000
② ₩1,200
③ ₩1,500
④ ₩1,700

해설

③ ₩1,500

미지급급여

현금	1,000	기초	200
기말	700	급여	1,500
	1,700		1,700

16 다음 수정분개를 반영하지 못할 경우 재무상태와 손익에 미치는 영향으로 옳은 것은? 〈2021 9급〉

• 종업원급여 미지급액	₩10,000
• 선급보험료(자산) 중 기간이 경과하여 실현된 금액	₩10,000
• 외상매출금 중 현금으로 회수된 금액	₩10,000
• 선수임대료(부채) 중 기간이 경과하여 실현된 금액	₩10,000
• 차입금 이자 미지급액	₩10,000

① 법인세차감전순이익은 ₩20,000 과소 계상된다.
② 비용은 ₩30,000 과대 계상된다.
③ 부채는 ₩10,000 과소 계상된다.
④ 자산은 ₩30,000 과소 계상된다.

해설

③ 부채는 ₩10,000 과소 계상된다.

	반영하지 못한 수정분개					항목에 미치는 영향			
						법인세차감전순이익	비용	부채	자산
①	차)	급여 10,000	대)	미지급급여 10,000		과대 10,000	과소 10,000	과소 10,000	–
②	차)	보험료 10,000	대)	선급보험료 10,000		과대 10,000	과소 10,000	–	과대 10,000
③	차)	현금 10,000	대)	외상매출금 10,000		–	–	–	–
④	차)	선수임대료 10,000	대)	임대료수익 10,000		과소 10,000	–	과대 10,000	–
⑤	차)	이자비용 10,000	대)	미지급이자 10,000		과대 10,000	과소 10,000	과소 10,000	–
계						과대 20,000	과소 30,000	과소 10,000	과대 10,000

17 **(주)한국은 20×1년 초 3년분 보험료 ₩600,000을 선급하고 전액 20×1년의 비용으로 잘못 기록하였다. 20×2년도 장부마감 전 오류를 발견한 경우 오류수정분개의 영향은?** 〈2021 경영지도사〉

① 선급보험료 ₩400,000이 증가한다.
② 이익잉여금 ₩600,000이 증가한다.
③ 보험료 ₩400,000이 증가한다.
④ 당기순이익 ₩200,000이 감소한다.
⑤ 순자산 ₩400,000이 증가한다.

해설

④ 당기순이익 ₩200,000이 감소한다.

<table>
<tr><td>20×1. 초</td><td>차)</td><td>보험료 600,000</td><td>대)</td><td>현금 600,000</td></tr>
<tr><td>20×2. 오류수정분개</td><td>차)</td><td>선급보험료 200,000
보험료 200,000</td><td>대)</td><td>기초이익잉여금 400,000</td></tr>
</table>

보험료 200,000 계상으로 당기순이익이 200,000 감소한다.

18 **(주)한국은 20×1년 9월 1일 1년분 보험료 ₩12,000을 지급하면서 비용으로 기록하였다. 보험료에 대한 기말 수정분개로 인한 영향으로 옳은 것은?** 〈2020 경영지도사〉

① 유동자산 ₩4,000이 증가한다.
② 당기순이익 ₩8,000이 감소한다.
③ 부채비율이 하락한다.
④ 유동비율이 하락한다.
⑤ 비용 ₩4,000이 감소한다.

해설

③ 부채비율이 하락한다.

20×1.9.1	차)	보험료	12,000	대)	현금	12,000
20×1.12.31	차)	선급보험료	8,000	대)	보험료	8,000

$$\text{부채비율} = \frac{\text{부채}}{\text{자본}} \Rightarrow \frac{\text{불변}}{\text{증가}} \Rightarrow \text{하락}$$

$$\text{유동비율} = \frac{\text{유동자산}}{\text{유동부채}} \Rightarrow \frac{\text{증가}}{\text{불변}} \Rightarrow \text{증가}$$

19

(주)한국의 수정전시산표를 통한 당기순이익은 ₩9,500이다. (주)한국의 기말 수정사항이 다음과 같을 때 수정후시산표상 당기순이익은? 〈2020 경영지도사〉

• 대여금으로부터 발생한 이자 미수액	₩750
• 비용으로 기록한 보험료 중 미경과분	₩600
• 수익으로 기록한 임대료 중 미경과분	₩450

① ₩9,800
② ₩10,100
③ ₩10,250
④ ₩10,400
⑤ ₩10,850

해설

④ ₩10,400

수정전시산표 당기순이익							9,500
①	차)	미수이자	750	대)	이자수익	750	750
②	차)	선급보험료	600	대)	보험료	600	600
③	차)	임대료수익	450	대)	선수임대료	450	(450)
수정후시산표 당기순이익							10,400

20 (주)한국의 20×1년 말 수정후시산표상 임차료는 ₩10,000이고 선급임차료는 ₩4,000이었다. 20×1년 초 선급임차료가 ₩2,000인 경우 (주)한국이 20×1년도에 현금으로 지급한 임차료는?

〈2020 경영지도사〉

① ₩10,000
② ₩11,000
③ ₩12,000
④ ₩13,000
⑤ ₩14,000

해설

③ ₩12,000

선급임차료

기초	2,000	임차료	10,000
현금	12,000	기말	4,000
	14,000		14,000

21 **20×1년도 시산표상의 차변합계액은 ₩70,000이고 대변합계액은 ₩79,500이었다. 다음의 오류사항을 반영한 후 시산표상 차변합계액은?** 〈2020 경영지도사〉

- 매입채무 ₩4,500을 차변에 잘못 기록하였다.
- 당해 연도 중 급여로 지급된 ₩5,000을 광고비 계정으로 기입하였다.
- 미수금 잔액 ₩18,500을 누락하였다.

① ₩65,500
② ₩70,500
③ ₩79,500
④ ₩84,000
⑤ ₩84,500

해설

④ ₩84,000

	차변	대변
오류수정전시산표	70,000	79,500
매입채무 기입오류	(4,500)	4,500
급여의 광고비 기입 오류	–	–
미수금 누락	18,500	–
오류수정후시산표	84,000	84,000

22 (주)한국의 20×1년 12월분 총급여액은 ₩50,000이다. 총급여액에는 원천징수할 소득세 ₩4,000이 포함되어 있다. (주)한국의 12월분 총급여와 관련한 기말 수정분개로 옳은 것은? (단, 급여는 다음 달 10일에 지급된다.) 〈2020 경영지도사〉

① (차)	급여	46,000	(대)	미지급비용	46,000
② (차)	급여	50,000	(대)	미지급비용	46,000
	미지급금	4,000			
③ (차)	급여	50,000	(대)	미지급비용	50,000
④ (차)	급여	50,000	(대)	미지급금	50,000
⑤ (차)	급여	50,000	(대)	미지급비용	46,000
				예수금	4,000

해설

⑤ (차)	급여	50,000	(대)	미지급비용	46,000
				예수금	4,000

총급여액에 포함된 원천징수할 소득세 4,000은 예수금(부채)으로 회계처리한 후 다음 달 10일 지급시 (차변) 예수금 4,000 / (대변) 현금 4,000으로 회계처리한다.

CHAPTER

3

재무제표

CHAPTER 3 재무제표

1 재무제표

이 기준서에서 사용하는 용어의 정의는 다음과 같다.(7)

일반목적 재무제표(이하 '재무제표'라 한다): 특정 필요에 따른 특수 보고서의 작성을 기업에 요구할 수 있는 위치에 있지 아니한 재무제표이용자의 정보요구를 충족시키기 위해 작성되는 재무제표

한국채택국제회계기준: 한국회계기준원 회계기준위원회가 국제회계기준을 근거로 제정한 회계기준으로 다음과 같이 구성된다.

(1) 기업회계기준서

(2) 기업회계기준해석서

(중요한) 특정 보고기업에 대한 재무정보를 제공하는 일반목적재무제표에 정보를 누락하거나 잘못 기재하거나 불분명하게 하여, 이를 기초로 내리는 주요 이용자의 의사결정에 영향을 줄 것으로 합리적으로 예상할 수 있다면 그 정보는 중요하다.

(주석) 재무상태표, 포괄손익계산서, 자본변동표 및 현금흐름표에 표시하는 정보에 추가하여 제공된 정보. 주석은 상기 재무제표에 표시된 항목을 구체적으로 설명하거나 세분화하며, 상기 재무제표 인식요건을 충족하지 못하는 항목에 대한 정보를 제공한다.

(기타포괄손익) 다른 한국채택국제회계기준서에서 요구하거나 허용

하여 당기손익으로 인식하지 않은 수익과 비용항목(재분류조정 포함)을 포함한다.

(당기순손익) 수익에서 비용을 차감한 금액(기타포괄손익의 구성요소 제외)

(총포괄손익) 거래나 그 밖의 사건으로 인한 기간 중 자본의 변동(소유주로서의 자격을 행사하는 소유주와의 거래로 인한 자본의 변동 제외)

재무제표는 기업의 재무상태와 재무성과를 체계적으로 표현한 것이다. 재무제표의 목적은 광범위한 정보이용자의 경제적 의사결정에 유용한 기업의 재무상태, 재무성과와 재무상태변동에 관한 정보를 제공하는 것이다. 또한 재무제표는 위탁받은 자원에 대한 경영진의 수탁책임 결과도 보여준다. 이러한 목적을 충족하기 위하여 재무제표는 다음과 같은 기업 정보를 제공한다.(9)

(1) 자산

(2) 부채

(3) 자본

(4) 차익(gains)과 차손을 포함한 광의의 수익(income)과 비용

(5) 소유주로서의 자격을 행사하는 소유주에 의한 출자와 소유주에 대한 배분

(6) 현금흐름

이러한 정보는 주석에서 제공되는 정보와 함께 재무제표이용자가 기업의 미래현금흐름, 특히 그 시기와 확실성을 예측하는 데 도움을 준다.

전체 재무제표는 다음을 모두 포함하여야 한다.(10)

(1) 기말 재무상태표

(2) 기간 손익과기타포괄손익계산서

(3) 기간 자본변동표

(4) 기간 현금흐름표

(5) 주석(유의적인 회계정책 및 그 밖의 설명으로 구성)

재무제표는 기업의 재무상태, 재무성과 및 현금흐름을 공정하게 표시해야 한다. 공정한 표시를 위해서는 '재무보고를 위한 개념체계'(이하 '개념체계')에서 정한 자산, 부채, 수익 및 비용에 대한 정의와 인식요건에 따라 거래, 그 밖의 사건과 상황의 효과를 충실하게 표현해야 한다. 한국채택국제회계기준에 따라 작성된 재무제표(필요에 따라 추가공시한 경우 포함)는 공정하게 표시된 재무제표로 본다.(15)

한국채택국제회계기준을 준수하여 재무제표를 작성하는 기업은 그러한 준수 사실을 주석에 명시적이고 제한없이 기재한다. 재무제표가 한국채택국제회계기준의 요구사항을 모두 충족한 경우가 아니라면 한국채택국제회계기준을 준수하여 작성되었다고 기재하여서는 아니된다.(16)

기업은 현금흐름 정보를 제외하고는 발생기준 회계를 사용하여 재무제표를 작성한다.(27)

발생기준 회계를 사용하는 경우, 각 항목이 '개념체계'의 정의와 인식요건을 충족할 때 자산, 부채, 자본, 광의의 수익 및 비용(재무제표의 요소)으로 인식한다.(28)

유사한 항목은 중요성 분류에 따라 재무제표에 구분하여 표시한다. 상이한 성격이나 기능을 가진 항목은 구분하여 표시한다. 다만 중요하지 않은 항목은 성격이나 기능이 유사한 항목과 통합하여 표시할 수 있다.(29)

한국채택국제회계기준에서 요구하거나 허용하지 않는 한 자산과 부채 그리고 수익과 비용은 상계하지 아니한다.(32)

자산과 부채, 그리고 수익과 비용은 구분하여 표시한다. 상계표시로 거래나 그 밖의 사건의 실질이 반영되는 경우를 제외하고는, 포괄손익계산서, 재무상태표에서의 상계표시는 발생한 거래, 그 밖의 사건과 상황을 이해하고 기업의 미래현금흐름을 분석할 수 있는 재무제표이용자의 능력을 저해한다. 재고자산에 대한 재고자산평가충당금과 매출채권에 대한 대손충당금과 같은 평가충당금을 차감하여 관련 자산을 순액으로 측정하는 것은 상계표시에 해당하지 아니한다.(33)

전체 재무제표(비교정보를 포함)는 적어도 1년마다 작성한다. 보고기간종료일을 변경하여 재무제표의 보고기간이 1년을 초과하거나 미달하는 경우 재무제표 해당 기간뿐만 아니라 다음 사항을 추가로 공시한다.(36)

(1) 보고기간이 1년을 초과하거나 미달하게 된 이유

(2) 재무제표에 표시된 금액이 완전하게 비교가능하지는 않다는 사실

한국채택국제회계기준이 달리 허용하거나 요구하는 경우를 제외하고는 당기 재무제표에 보고되는 모든 금액에 대해 전기 비교정보를 표시한다. 당기 재무제표를 이해하는 데 목적적합하다면 서술형 정보의 경우에도 비교정보를 포함한다.(38)

재무제표 항목의 표시와 분류는 다음의 경우를 제외하고는 매기 동일하여야 한다.(45)

(1) 사업내용의 유의적인 변화나 재무제표를 검토한 결과 다른 표시나 분류방법이 더 적절한 것이 명백한 경우. 이 경우 기업회계기준서 제1008호에서 정하는 회계정책의 선택 및 적용요건을 고려한다.

(2) 한국채택국제회계기준에서 표시방법의 변경을 요구하는 경우

2 재무상태표

재무상태표에는 다음에 해당하는 금액을 나타내는 항목을 표시한다.(54)

(1) 유형자산

(2) 투자부동산

(3) 무형자산

(4) 금융자산(단, (5), (8) 및 (9)는 제외)

(5) 지분법에 따라 회계처리하는 투자자산

(6) 기업회계기준서 제1041호 '농림어업'의 적용범위에 포함되는 생물자산

(7) 재고자산

(8) 매출채권 및 기타 채권

(9) 현금및현금성자산

(10) 기업회계기준서 제1105호 '매각예정비유동자산과 중단영업'에 따라 매각예정으로 분류된 자산과 매각예정으로 분류된 처분자산집단에 포함된 자산의 총계

(11) 매입채무 및 기타 채무

(12) 충당부채

(13) 금융부채(단, (11)과 (12)는 제외)

(14) 기업회계기준서 제1012호 '법인세'에서 정의된 당기 법인세와 관련한 부채와 자산

(15) 기업회계기준서 제1012호에서 정의된 이연법인세부채 및 이연법인세자산

(16) 기업회계기준서 제1105호에 따라 매각예정으로 분류된 처분자산집단에 포함된 부채

(17) 자본에 표시된 비지배지분

(18) 지배기업의 소유주에게 귀속되는 납입자본과 적립금

유동성 순서에 따른 표시방법이 신뢰성 있고 더욱 목적적합한 정보를 제공하는 경우를 제외하고는 문단 66~76에 따라 유동자산과 비유동자산, 유동부채와 비유동부채로 재무상태표에 구분하여 표시한다. 유동성 순서에 따른 표시방법을 적용할 경우 모든 자산과 부채는 유동성의 순서에 따라 표시한다.(60)

어느 표시방법을 채택하더라도 자산과 부채의 각 개별 항목이 다음의 기간에 회수되거나 결제될 것으로 기대되는 금액이 합산하여 표시되는 경우, 12개월 후에 회수되거나 결제될 것으로 기대되는 금액을 공시한다.(61)

(1) 보고기간 후 12개월 이내와

(2) 보고기간 후 12개월 후

자산은 다음의 경우에 유동자산으로 분류한다.(66)

(1) 기업의 정상영업주기 내에 실현될 것으로 예상하거나, 정상영업주기 내에 판매하거나 소비할 의도가 있다.

(2) 주로 단기매매 목적으로 보유하고 있다.

(3) 보고기간 후 12개월 이내에 실현될 것으로 예상한다.

(4) 현금이나 현금성자산으로서, 교환이나 부채 상환 목적으로의 사용에 대한 제한 기간이 보고기간 후 12개월 이상이 아니다.

그 밖의 모든 자산은 비유동자산으로 분류한다.

부채는 다음의 경우에 유동부채로 분류한다.(69)

(1) 정상영업주기 내에 결제될 것으로 예상하고 있다.

(2) 주로 단기매매 목적으로 보유하고 있다.

(3) 보고기간 후 12개월 이내에 결제하기로 되어 있다.

(4) 보고기간 후 12개월 이상 부채의 결제를 연기할 수 있는 무조건의 권리를 가지고 있지 않다. 계약 상대방의 선택에 따라, 지분상품의 발행으로 결제할 수 있는 부채의 조건은 그 분류에 영향을 미치지 아니한다.

그 밖의 모든 부채는 비유동부채로 분류한다.

3 포괄손익계산서

포괄손익계산서에는 당기손익 부분과 기타포괄손익 부분에 추가하여 다음을 표시한다.(81A)

(1) 당기순손익

(2) 총기타포괄손익

(3) 당기손익과 기타포괄손익을 합한 당기포괄손익

별개의 손익계산서를 표시하는 경우, 포괄손익을 표시하는 보고서에는 당기손익 부분을 표시하지 않는다.

기업은 비용의 성격별 또는 기능별 분류방법 중에서 신뢰성 있고 더욱 목적적합한 정보를 제공할 수 있는 방법을 적용하여 당기손익으로 인식한 비용의 분석내용을 표시한다.(99)

비용은 빈도, 손익의 발생가능성 및 예측가능성의 측면에서 서로 다를 수 있는 재무성과의 구성요소를 강조하기 위해 세분류로 표시한다. 분석내용은 두 가지 형태 중 하나로 제공된다.(101)

분석의 첫 번째 형태는 성격별 분류이다. 당기손익에 포함된 비용은 그 성격(예: 감가상각비, 원재료의 구입, 운송비, 종업원급여와 광고비)별로 통합하며, 기능별로 재배분하지 않는다. 비용을 기능별 분류로 배분할 필요가 없기 때문에 적용이 간단할 수 있다. 비용의 성격별 분류의 예는 다음과 같다.(102)

수익(revenue)		X
기타 수익(other income)	X	
제품과 재공품의 변동	X	
원재료와 소모품의 사용액	X	
종업원급여비용	X	
감가상각비와 기타 상각비	X	
기타 비용	X	
총 비용		(X)
법인세비용차감전순이익		X

분석의 두 번째 형태는 기능별 분류법 또는 '매출원가'법으로서, 비용을 매출원가, 그리고 물류원가와 관리활동원가 등과 같이 기능별로 분류한다. 이 방법에서는 적어도 매출원가를 다른 비용과 분리하여 공시한다. 이 방법은 성격별 분류보다 재무제표이용자에게 더욱 목적적합한 정보를 제공할 수 있지만 비용을 기능별로 배분하는데 자의적인 배분과 상당한 정도의 판단이 개입될 수 있다. 비용의 기능별 분류의 예는 다음과 같다.(103)

수익(revenue)	X
매출원가	(X)
매출총이익	X
기타 수익(other income)	X
물류원가	(X)
관리비	X)
기타 비용	(X)
법인세비용차감전순이익	X

비용을 기능별로 분류하는 기업은 감가상각비, 기타 상각비와 종업원급여비용을 포함하여 비용의 성격에 대한 추가 정보를 공시한다.(104)

4 자본변동표

문단 10에서 요구하는 바에 따라 자본변동표를 작성한다. 자본변동표에는 다음의 정보를 포함한다.(106)

(1) 지배기업의 소유주와 비지배지분에게 각각 귀속되는 금액으로 구분하여 표시한 해당 기간의 총포괄손익

(2) 자본의 각 구성요소별로 기업회계기준서 제1008호에 따라 인식된 소급적용이나 소급재작성의 영향

(3) [국제회계기준위원회에 의하여 삭제됨]

(4) 자본의 각 구성요소별로 다음의 각 항목에 따른 변동액을 구분하여 표시한, 기초시점과 기말시점의 장부금액 조정내역
   (가) 당기순손익
   (나) 기타포괄손익
   (다) 소유주로서의 자격을 행사하는 소유주와의 거래(소유주에 의한 출자와 소유주에 대한 배분, 그리고 지배력을 상실하지 않는 종속기업에 대한 소유지분의 변동을 구분하여 표시)

5 현금흐름표

현금흐름정보는 기업의 현금및현금성자산 창출능력과 기업의 현금흐름 사용 필요성에 대한 평가의 기초를 재무제표이용자에게 제공한다. 기업회계기준서 제1007호는 현금흐름 정보의 표시와 공시에 대한 요구사항을 규정하고 있다.(111)

6 주석

주석은 다음의 정보를 제공한다.(112)

(1) 재무제표 작성 근거와 문단 117~124에 따라 사용한 구체적인 회계정책에 대한 정보

(2) 한국채택국제회계기준에서 요구하는 정보이지만 재무제표 어느 곳에도 표시되지 않는 정보

(3) 재무제표 어느 곳에도 표시되지 않지만 재무제표를 이해하는 데 목적적합한 정보

주석은 실무적으로 적용 가능한 한 체계적인 방법으로 표시한다. 체계적인 방법을 결정할 때, 재무제표의 이해가능성과 비교가능성에 미치는 영향을 고려한다. 재무상태표, 포괄손익계산서, 자본변동표 및 현금흐름표에 표시된 개별 항목은 주석의 관련 정보와 상호 연결시켜 표시한다.(113)

〈출처: K-IFRS 제1001호 재무제표 표시〉
* 괄호안의 숫자는 기준서 문단번호를 나타냄

01

현금및현금성자산으로 재무상태표에 표시될 수 없는 것을 모두 고른 것은? (단, 지분상품은 현금으로 전환이 용이하다.) 〈2021 감정평가사〉

ㄱ. 부채상환을 위해 12개월 이상 사용이 제한된 요구불예금
ㄴ. 사용을 위해 구입한 수입인지와 우표
ㄷ. 상환일이 정해져 있고 취득일로부터 상환일까지 기간이 2년인 회사채
ㄹ. 취득일로부터 1개월 내에 처분할 예정인 상장기업의 보통주
ㅁ. 재취득한 자기지분상품

① ㄱ, ㄴ, ㄹ
② ㄱ, ㄷ, ㄹ
③ ㄴ, ㄷ, ㅁ
④ ㄱ, ㄴ, ㄷ, ㅁ
⑤ ㄱ, ㄴ, ㄷ, ㄹ, ㅁ

해설

⑤ ㄱ, ㄴ, ㄷ, ㄹ, ㅁ

현금 : 통화, 지폐, 통화와 마찬가지로 사용되는 타인발행수표, 배당증권, 지급기일이 도래한 사채이자표 등 통화대용증권, 당좌예금, 보통예금과 같이 예입과 인출이 자유로운 요구불예금

현금성자산 : 현금의 단기적인 운용을 목적으로 취득한 유동성이 가장 높은 단기금융자산. 현금성자산에 포함되기 위해서는 큰 거래비용 없이 현금으로의 전환이 용이하고, 이자율 변동에 따른 가치변동이 작아 특별한 위험부담 없이 현금과 거의 동일하게 사용할 수 있어야 함. 취득당시 만기가 3개월 이내에 도래하는 채권, 상환조건이 3개월 이내인 환매채, 신탁계약기간이 3개월 이내인 단기수익증권 등이 현금성자산에 해당됨

02 재무제표의 표시에 관한 설명으로 옳지 않은 것은?

〈2021 감정평가사〉

① 재무제표가 한국채택국제회계기준의 요구사항을 모두 충족한 경우가 아니라면 한국채택국제회계기준을 준수하여 작성되었다고 기재하여서는 안 된다.
② 기업이 재무상태표에 유동자산과 비유동자산으로 구분하여 표시하는 경우, 이연법인세자산은 유동자산으로 분류하지 아니한다.
③ 비용을 기능별로 분류하는 기업은 감가상각비, 기타 상각비와 종업원급여비용을 포함하여 비용의 성격에 대한 추가 정보를 공시한다.
④ 수익과 비용의 어느 항목은 포괄손익계산서 또는 주석에 특별손익 항목으로 별도 표시한다.
⑤ 매출채권에 대한 대손충당금을 차감하여 관련 자산을 순액으로 측정하는 것은 상계표시에 해당하지 아니한다.

해설

④ 수익과 비용의 어느 항목은 포괄손익계산서 또는 주석에 특별손익 항목으로 별도 표시한다.

[K-IFRS 제1001호 재무제표 표시]

87 수익과 비용의 어느 항목도 당기손익과 기타포괄손익을 표시하는 보고서 또는 주석에 특별손익 항목으로 표시할 수 없다.

03 다음 항목과 계정 분류를 연결한 것으로 옳지 않은 것은?

〈2021 감정평가사〉

① 직접 소유 또는 금융리스를 통해 보유하고 운용리스로 제공하고 있는 건물 – 재고자산
② 소유 자가사용부동산 – 유형자산
③ 처분예정인 자가사용부동산 – 매각예정비유동자산
④ 통상적인 영업과정에서 판매하기 위한 부동산이나 이를 위하여 건설 또는 개발 중인 부동산 – 재고자산
⑤ 장래 용도를 결정하지 못한 채로 보유하고 있는 토지 – 투자부동산

해설

① 직접 소유 또는 금융리스를 통해 보유하고 운용리스로 제공하고 있는 건물 – 재고자산

직접소유 또는 금융리스를 통해 보유하고 운용리스로 제공하고 있는 건물은 운용리스자산이다.

04 재무제표 표시에 관한 설명으로 옳은 것은? 〈2020 감정평가사〉

① 비용을 성격별로 분류하는 경우에는 적어도 매출원가를 다른 비용과 분리하여 공시해야 한다.

② 기타포괄손익의 항목(재분류조정 포함)과 관련한 법인세비용 금액은 포괄손익계산서에 직접 표시해야 하며 주석을 통한 공시는 허용하지 않는다.

③ 유동자산과 비유동자산을 구분하여 표시하는 경우라면 이연법인세자산을 유동자산으로 분류할 수 있다.

④ 한국채택국제회계기준에서 별도로 허용하지 않는 한, 중요하지 않은 항목이라도 유사항목과 통합하여 표시해서는 안된다.

⑤ 경영진은 재무제표를 작성할 때 계속기업으로서의 존속가능성을 평가해야 한다.

해설

⑤ 경영진은 재무제표를 작성할 때 계속기업으로서의 존속가능성을 평가해야 한다.

[K-IFRS 제1001호 재무제표 표시]

25 경영진은 재무제표를 작성할 때 계속기업으로서의 존속가능성을 평가해야 한다. 경영진이 기업을 청산하거나 경영활동을 중단할 의도를 가지고 있거나, 청산 또는 경영활동의 중단 외에 다른 현실적 대안이 없는 경우가 아니면 계속기업을 전제로 재무제표를 작성한다.

05 **(주)감평의 20×1년 말 예상되는 자산과 부채는 각각 ₩100,000과 ₩80,000으로 부채비율(총부채÷주주지분) 400%가 예상된다. (주)감평은 부채비율을 낮추기 위해 다음 대안들을 검토하고 있다. 다음 설명 중 옳지 않은 것은? (단, (주)감평은 모든 유형자산에 대하여 재평가모형을 적용하고 있다.)** 〈2020 감정평가사〉

- 대안 Ⅰ: 토지A 처분(장부금액 ₩30,000, 토지재평가잉여금 ₩1,000, 처분손실 ₩5,000 예상) 후 처분대금으로 차입금 상환
- 대안 Ⅱ: 유상증자(₩25,000) 후 증자금액으로 차입금 상환
- 대안 Ⅲ: 토지B에 대한 재평가 실시(재평가이익 ₩25,000 예상)

① 토지A 처분대금으로 차입금을 상환하더라도 부채비율은 오히려 증가한다.
② 토지A를 처분만 하고 차입금을 상환하지 않으면 부채비율은 오히려 증가한다.
③ 유상증자 대금으로 차입금을 상환하면 부채비율은 감소한다.
④ 유상증자만 하고 차입금을 상환하지 않더라도 부채비율은 감소한다.
⑤ 토지B에 대한 재평가를 실시하면 부채비율은 감소한다.

해설

① 토지A 처분대금으로 차입금을 상환하더라도 부채비율은 오히려 증가한다.

부채비율 = 총부채/주주지분 이므로 토지A 처분대금으로 차입금을 상환하면 분자인 총부채가 감소한다. 그러므로 부채비율은 감소한다.

06 재무제표 요소에 관한 설명으로 옳지 않은 것은? 〈2021 관세사〉

① 자산은 과거사건의 결과로 기업이 통제하는 현재의 경제적자원이다.
② 자본은 기업의 자산에서 모든 부채를 차감한 후의 잔여지분이다.
③ 수익과 비용은 자본청구권 보유자에 대한 출자 및 분배와 관련된 것을 포함한다.
④ 부채는 과거사건의 결과로 기업이 경제적자원을 이전해야 하는 현재의무이다.
⑤ 경제적효익을 창출할 가능성이 낮더라도 권리가 경제적자원의 정의를 충족할 수 있다면 자산이 될 수 있다.

해설

③ 수익과 비용은 자본청구권 보유자에 대한 출자 및 분배와 관련된 것을 포함한다.

[K-IFRS 재무보고를 위한 개념체계]

4.68 수익은 자산의 증가 또는 부채의 감소로서 자본의 증가를 가져오며, 자본청구권 보유자의 출자와 관련된 것을 제외한다.

4.69 비용은 자산의 감소 또는 부채의 증가로서 자본의 감소를 가져오며, 자본청구권 보유자에 대한 분배와 관련된 것을 제외한다.

07 (주)관세는 현재 당좌자산 ₩1,500, 재고자산 ₩500, 유동부채 ₩1,000을 보유하고 있다. 다음 거래를 추가하여 반영할 경우 당좌비율과 유동비율은? (단, 유동자산은 당좌자산과 재고자산으로만 구성된다.) 〈2021 관세사〉

- 매출채권 ₩200을 현금회수하다.
- 상품 ₩300을 현금으로 취득하다.

	당좌비율	유동비율
①	100%	200%
②	120%	200%
③	180%	150%
④	180%	180%
⑤	200%	150%

해설

② 당좌비율 120% 유동비율 200%

$$당좌비율 = \frac{당좌자산}{유동부채} = \frac{1,500}{1,000} = 150\% \Rightarrow \frac{1,200}{1,000} = 120\%$$

$$유동비율 = \frac{유동자산}{유동부채} = \frac{2,000}{1,000} = 200\% \Rightarrow \frac{2,000}{1,000} = 200\%$$

08 재무제표 표시에 관한 설명으로 옳은 것은? 〈2021 관세사〉

① 각각의 재무제표는 전체 재무제표에서 동등한 비중으로 표시한다.
② 한국채택국제회계기준을 준수하여 작성된 재무제표는 국제회계기준을 준수하여 작성된 재무제표임을 주석으로 공시할 수 없다.
③ 환경 요인이 유의적인 산업에 속해 있는 기업이 제공하는 환경보고서는 한국채택국제회계기준의 적용범위에 해당한다.
④ 부적절한 회계정책이라도 공시나 주석 또는 보충 자료를 통해 설명하면 정당화될 수 있다.
⑤ 기업이 재무상태표에 유동자산과 비유동자산, 그리고 유동부채와 비유동부채로 구분하여 표시하는 경우, 이연법인세자산(부채)은 유동자산(부채)으로 분류한다.

해설

① 각각의 재무제표는 전체 재무제표에서 동등한 비중으로 표시한다.

[K-IFRS 제1001호 재무제표 표시]

11 각각의 재무제표는 전체 재무제표에서 동등한 비중으로 표시한다.

14 또한 많은 기업은 특히 환경 요인이 유의적인 산업에 속해 있는 경우나 종업원이 주요 재무제표이용자인 경우에 재무제표 이외에도 환경보고서나 부가가치보고서와 같은 보고서를 제공한다. 재무제표 이외의 보고서는 한국채택국제회계기준의 적용범위에 해당하지 않는다.

16 한국채택국제회계기준을 준수하여 재무제표를 작성하는 기업은 그러한 준수 사실을 주석에 명시적이고 제한없이 기재한다. 재무제표가 한국채택국제회계기준의 요구사항을 모두 충족한 경우가 아니라면 한국채택국제회계기준을 준수하여 작성되었다고 기재하여서는 아니 된다.

18 부적절한 회계정책은 이에 대하여 공시나 주석 또는 보충 자료를 통해 설명하더라도 정당화될 수 없다.

56 기업이 재무상태표에 유동자산과 비유동자산, 그리고 유동부채와 비유동부채로 구분하여 표시하는 경우, 이연법인세자산(부채)은 유동자산(부채)으로 분류하지 아니한다.

09

(주)관세의 20×1년 말 재무상태표의 금융자산은 ₩3,000이고, 금융부채는 ₩500이다. 다음 자료를 이용할 때 20×1년 말 (주)관세의 매출채권(A)과 매입채무(B)는? 〈2021 관세사〉

자산			
• 매출채권	(A)	• 대여금	₩500
• 선급비용	₩500	• 투자사채	₩1,000
부채			
• 매입채무	(B)	• 선수수익	₩100
• 차입금	₩100	• 사채	₩200

	(A)	(B)
①	₩1,000	₩100
②	₩1,000	₩200
③	₩1,000	₩300
④	₩1,500	₩100
⑤	₩1,500	₩200

해설

⑤ ₩1,500 ₩200

금융자산 3,000 = 매출채권(A) + 대여금 500 + 투자사채 1,000

따라서 매출채권(A) = 1,500

금융부채 500 = 매입채무(B) + 차입금 100 + 사채 200

따라서 매입채무(B) = 200

10 (주)관세의 20×1년 말 금융자산 등의 내역이다. 20×1년 말 재무상태표의 현금및현금성자산에 포함될 항목을 모두 고른 것은?

〈2020 관세사〉

ㄱ. 송금환
ㄴ. 타인발행약속어음
ㄷ. 우표
ㄹ. 만기가 도래한 국채 이자표
ㅁ. 20×1년 2월 초에 취득한 만기가 2개월 남은 정기예금

① ㄱ, ㄴ
② ㄱ, ㄷ
③ ㄱ, ㄹ
④ ㄴ, ㅁ
⑤ ㄷ, ㄹ

해설

③ ㄱ, ㄹ

현금 : 통화, 지폐, 통화와 마찬가지로 사용되는 타인발행수표, 배당증권, 지급기일이 도래한 사채이자표 등 통화대용증권, 당좌예금, 보통예금과 같이 예입과 인출이 자유로운 요구불예금

현금성자산 : 현금의 단기적인 운용을 목적으로 취득한 유동성이 가장 높은 단기금융자산. 현금성자산에 포함되기 위해서는 큰 거래비용 없이 현금으로의 전환이 용이하고, 이자율 변동에 따른 가치변동이 작아 특별한 위험부담 없이 현금과 거의 동일하게 사용할 수 있어야 함. 취득당시 만기가 3개월 이내에 도래하는 채권, 상환조건이 3개월 이내인 환매채, 신탁계약기간이 3개월 이내인 단기수익증권 등이 현금성자산에 해당됨

11 (주)관세와 (주)한국에 대한 재무자료이다. 다음 중 옳지 않은 것은?

〈2020 관세사〉

	(주)관세	(주)한국
매출액	₩640,000	₩600,000
영업이익	300,000	450,000
이자비용	40,000	100,000
당기순이익	250,000	300,000
평균자산	2,500,000	3,000,000
평균자본	1,600,000	1,000,000
우선주배당금	50,000	–

① 매출액순이익률은 (주)관세가 (주)한국보다 낮다.
② 자기자본회전율은 (주)관세가 (주)한국보다 낮다.
③ 이자보상비율은 (주)관세가 (주)한국보다 높기 때문에 (주)관세의 안전도는 양호하다.
④ (주)관세의 자기자본이익률이 (주)한국의 자기자본이익률보다 낮지만, 총자산회전율은 (주)관세가 더 높다.
⑤ (주)관세의 총자산영업이익률은 (주)한국의 총자산영업이익률보다 5% 낮다.

해설

⑤ (주)관세의 총자산영업이익률은 (주)한국의 총자산영업이익률보다 5% 낮다.

$$
\begin{array}{llllll}
 & & \text{(주)관세} & & & \text{(주)한국} \\
\text{매출액순이익률} = \dfrac{\text{당기순이익}}{\text{매출}} & = & \dfrac{250{,}000}{640{,}000} = 39\% & \text{vs} & & \dfrac{300{,}000}{600{,}000} = 50\% \\
\text{자기자본회전율} = \dfrac{\text{매출}}{\text{평균자본}} & = & \dfrac{640{,}000}{1{,}600{,}000} = 0.4\text{회} & \text{vs} & & \dfrac{600{,}000}{1{,}000{,}000} = 0.6\text{회} \\
\text{이자보상비율} = \dfrac{\text{영업이익}}{\text{이자비용}} & = & \dfrac{300{,}000}{40{,}000} = 7.5\text{배} & \text{vs} & & \dfrac{450{,}000}{100{,}000} = 4.5\text{배} \\
\text{자기자본이익률} = \dfrac{\text{당기순이익}}{\text{평균자본}} & = & \dfrac{250{,}000}{1{,}600{,}000} = 15.6\% & \text{vs} & & \dfrac{300{,}000}{1{,}000{,}000} = 30\% \\
\text{총자산회전율} = \dfrac{\text{매출}}{\text{평균자산}} & = & \dfrac{640{,}000}{2{,}500{,}000} = 0.256\text{회} & \text{vs} & & \dfrac{600{,}000}{3{,}000{,}000} = 0.2\text{회} \\
\text{총자산영업이익률} = \dfrac{\text{영업이익}}{\text{평균자산}} & = & \dfrac{300{,}000}{2{,}500{,}000} = 12\% & \text{vs} & & \dfrac{450{,}000}{3{,}000{,}000} = 15\%
\end{array}
$$

12 다음은 상품매매 기업인 (주)한국의 재무비율을 산정하기 위한 자료이다.

• 매출	₩4,500,000	• 매출원가	₩4,000,000
• 기초매출채권	₩150,000	• 기말매출채권	₩450,000
• 기초재고자산	₩240,000	• 기말재고자산	₩160,000

(주)한국은 매출이 전액 외상으로 이루어지며, 재고자산회전율 계산 시 매출원가를 사용할 경우, 매출채권회전율과 재고자산 평균처리기간은? (단, 1년은 360일, 회전율 계산 시 기초와 기말의 평균값을 이용한다) 〈2021 7급〉

	매출채권회전율(회)	재고자산평균처리기간(일)
①	15	18
②	15	36
③	30	18
④	30	36

해설

① 매출채권회전율(회) 15 재고자산평균처리기간(일) 18

$$\text{매출채권회전율} = \frac{\text{매출}}{\text{평균매출채권}} = \frac{4{,}500{,}000}{(150{,}000+450{,}000)/2} = 15\text{회}$$

$$\text{재고자산회전율} = \frac{\text{매출원가}}{\text{평균재고자산}} = \frac{4{,}000{,}000}{(240{,}000+160{,}000)/2} = 20\text{회}$$

$$\text{재고자산평균처리기간} = \frac{360\text{일}}{20\text{회}} = 18\text{일}$$

13 재무제표와 보고기업에 대한 설명으로 옳지 않은 것은? 〈2021 7급〉

① 보고기업은 단일의 실체이거나 어떤 실체의 일부일 수 있으며, 둘 이상의 실체로 구성될 수도 있으므로, 보고기업이 반드시 법적 실체일 필요는 없다.
② 보고기업이 지배기업 단독인 경우 그 보고기업의 재무제표를 '비연결재무제표'라고 부른다.
③ 보고기업이 지배–종속관계로 모두 연결되어 있지는 않은 둘 이상 실체들로 구성된다면, 그 보고기업의 재무제표를 '결합재무제표'라고 부른다.
④ 연결재무제표는 특정 종속기업의 자산, 부채, 자본, 수익 및 비용에 대한 별도의 정보를 제공하기 위해 만들어졌다.

해설

④ 연결재무제표는 특정 종속기업의 자산, 부채, 자본, 수익 및 비용에 대한 별도의 정보를 제공하기 위해 만들어졌다.

[K-IFRS 제1110호 연결재무제표]

연결재무제표는 지배기업과 그 종속기업의 자산, 부채, 자본, 수익, 비용, 현금흐름을 하나의 경제적 실체로 표시하는 연결실체의 재무제표이다.

14 재무제표 표시에 대한 설명으로 옳지 않은 것은? 〈2021 7급〉

① 상이한 성격이나 기능을 가진 항목은 구분하여 표시하며, 다만 중요하지 않은 항목은 성격이나 기능이 유사한 항목과 통합하여 표시할 수 있다.

② 재무제표의 표시통화를 천 단위나 백만 단위로 표시할 때 중립성이 제고될 수 있으며, 이러한 표시는 금액 단위를 공시하고 중요한 정보가 누락되지 않는 경우에 허용될 수 있다.

③ 전체 재무제표(비교정보를 포함)는 적어도 1년마다 작성하며, 보고기간종료일을 변경하여 재무제표의 보고기간이 1년을 초과하거나 미달하는 경우 재무제표 해당 기간뿐만 아니라 보고기간이 1년을 초과하거나 미달하게 된 이유와 재무제표에 표시된 금액이 완전하게 비교가능하지는 않다는 사실을 추가로 공시한다.

④ 재무제표 항목의 표시나 분류를 변경하는 경우 실무적으로 적용할 수 없는 것이 아니라면 비교금액도 재분류해야 하며, 비교금액을 재분류할 때 재분류의 성격, 재분류된 개별 항목이나 항목군의 금액, 재분류의 이유를 공시한다(전기 기초 포함).

해설

② 재무제표의 표시통화를 천 단위나 백만 단위로 표시할 때 중립성이 제고될 수 있으며, 이러한 표시는 금액 단위를 공시하고 중요한 정보가 누락되지 않는 경우에 허용될 수 있다.

[K-IFRS 제1001호 재무제표 표시]

53 흔히 재무제표의 표시통화를 천 단위나 백만 단위로 표시할 때 더욱 이해가능성이 제고될 수 있다. 이러한 표시는 금액 단위를 공시하고 중요한 정보가 누락되지 않는 경우에 허용될 수 있다.

15 재무상태표에 대한 설명으로 옳지 않은 것은? 〈2020 7급〉

① 기업이 재무상태표에 유동자산과 비유동자산, 그리고 유동부채와 비유동부채로 구분하여 표시하는 경우, 이연법인세자산(부채)은 유동자산(부채)으로 분류한다.
② 유동성 순서에 따른 표시방법이 신뢰성 있고 더욱 목적적합한 정보를 제공하는 경우를 제외하고는 유동자산과 비유동자산, 유동부채와 비유동부채로 재무상태표에 구분하여 표시한다.
③ 유동자산은 주로 단기매매목적으로 보유하고 있는 자산과 비유동금융자산의 유동성 대체 부분을 포함한다.
④ 보고기간 후 12개월 이상 결제를 연기할 수 있는 무조건의 권리를 가지고 있지 않으면 유동부채로 분류한다.

해설

① 기업이 재무상태표에 유동자산과 비유동자산, 그리고 유동부채와 비유동부채로 구분하여 표시하는 경우, 이연법인세자산(부채)은 유동자산(부채)으로 분류한다.

[K-IFRS 제1001호 재무제표 표시]

56 기업이 재무상태표에 유동자산과 비유동자산, 그리고 유동부채와 비유동부채로 구분하여 표시하는 경우, 이연법인세자산(부채)은 유동자산(부채)으로 분류하지 아니한다.

16

20×1년 기초 재무상태표와 기말 재무상태표의 자산 및 부채의 총액이 다음과 같고 수익과 비용의 합계액이 각각 ₩10,000,000과 ₩8,000,000인 경우, 20×1년의 추가적인 지분출자액은? (단, 배당금은 고려하지 않는다) 〈2020 7급〉

구분	기초	기말
자산총액	₩50,000,000	₩30,000,000
부채총액	₩65,000,000	₩20,000,000

① ₩20,000,000
② ₩23,000,000
③ ₩26,000,000
④ ₩29,000,000

해설

② ₩23,000,000

기초 재무상태표

자산 50,000,000	부채 65,000,000
	자본 (15,000,000)

⇒

기말 재무상태표

자산 30,000,000	부채 20,000,000
	자본 10,000,000

기중 증감내역	
총수익	10,000,000
총비용	(8,000,000)
당기순이익	2,000,000
출자(X)	23,000,000
자본의 증가	25,000,000

17 한국채택국제회계기준의 특징과 관련된 설명 중에서 옳지 않은 것은? 〈2021 9급〉

① 연결재무제표를 주재무제표로 작성함으로써 개별기업의 재무제표가 보여주지 못하는 경제적 실질을 더 잘 반영할 수 있을 것으로 기대된다.
② 「주식회사 등의 외부감사에 관한 법률」의 적용을 받는 모든 기업이 한국채택국제회계기준을 회계기준으로 삼아 재무제표를 작성하여야 한다.
③ 과거 규정중심의 회계기준이 원칙중심의 회계기준으로 변경되었다.
④ 자산과 부채의 공정가치평가 적용이 확대되었다.

해설

② 「주식회사 등의 외부감사에 관한 법률」의 적용을 받는 모든 기업이 한국채택국제회계기준을 회계기준으로 삼아 재무제표를 작성하여야 한다.

[주식회사 등의 외부감사에 관한 법률]

제5조(회계처리기준)

① 금융위원회는 「금융위원회의 설치 등에 관한 법률」에 따른 증권선물위원회(이하 "증권선물위원회"라 한다)의 심의를 거쳐 회사의 회계처리기준을 다음 각 호와 같이 구분하여 정한다.

1. 국제회계기준위원회의 국제회계기준을 채택하여 정한 회계처리기준
2. 그 밖에 이 법에 따라 정한 회계처리기준

② 제1항에 따른 회계처리기준은 회사의 회계처리와 감사인의 회계감사에 통일성과 객관성이 확보될 수 있도록 하여야 한다.

③ 회사는 제1항 각 호의 어느 하나에 해당하는 회계처리기준에 따라 재무제표를 작성하여야 한다. 이 경우 제1항 제1호의 회계처리기준을 적용하여야 하는 회사의 범위와 회계처리기준의 적용 방법은 대통령령으로 정한다.

④ 금융위원회는 제1항에 따른 업무를 대통령령으로 정하는 바에 따라 전문성을 갖춘 민간 법인 또는 단체에 위탁할 수 있다.

⑤ 금융위원회는 이해관계인의 보호, 국제적 회계처리기준과의 합치 등을 위하여 필요하다고 인정되면 증권선물위원회의 심의를 거쳐 제4항에 따라 업무를 위탁받은 민간 법인 또는 단체(이하 "회계기준제정기관"이라 한다)에 회계처리기준의 내용을 수정할 것을 요구할 수 있다. 이 경우 회계기준제정기관은 정당한 사유가 없으면 이에 따라야 한다.

⑥ 「금융위원회의 설치 등에 관한 법률」에 따라 설립된 금융감독원(이하 "금융감독원"이라 한다)은 「자본시장과 금융투자업에 관한 법률」 제442조 제1항에 따라 금융감독원이 징수하는 분담금의 100분의 8을 초과하지 아니하는 범위에서 대통령령으로 정하는 바에 따라 회계기준제정기관에 지원할 수 있다.

⑦ 회계기준제정기관은 사업연도마다 총수입과 총지출을 예산으로 편성하여 해당 사업연도가 시작되기 1개월 전까지 금융위원회에 보고하여야 한다.

[주식회사 등의 외부감사에 관한 법률 시행령]

제6조(회계처리기준)

① 다음 각 호의 어느 하나에 해당되는 회사는 법 제5조 제3항 후단에 따라 같은 조 제1항 제1호의 회계처리기준(이하 "한국채택국제회계기준"이라 한다)을 적용하여야 한다.

1. 주권상장법인. 다만, 「자본시장과 금융투자업에 관한 법률 시행령」 제11조제2항에 따른 코넥스시장(이하 "코넥스시장"이라 한다)에 주권을 상장한 법인은 제외한다.
2. 해당 사업연도 또는 다음 사업연도 중에 주권상장법인이 되려는 회사. 다만, 코넥스시장에 주권을 상장하려는 법인은 제외한다.
3. 「금융지주회사법」에 따른 금융지주회사. 다만, 같은 법 제22조에 따른 전환대상자는 제외한다.
4. 「은행법」에 따른 은행
5. 「자본시장과 금융투자업에 관한 법률」에 따른 투자매매업자, 투자중개업자, 집합투자업자, 신탁업자 및 종합금융회사
6. 「보험업법」에 따른 보험회사
7. 「여신전문금융업법」에 따른 신용카드업자

② 제3조 제1항에 따른 지배·종속의 관계에 있는 경우로서 지배회사가 연결재무제표에 한국채택국제회계기준을 적용하는 경우에는 연결재무제표가 아닌 재무제표에도 한국채택국제회계기준을 적용하여야 한다.

18

(주)한국의 20×1년 매출액은 ₩3,000,000이고, 기초재고자산은 ₩100,000이었다. 20×1년 말 유동부채는 ₩100,000, 유동비율은 400%, 당좌비율은 100%이다. 또한, 재고자산평균처리기간이 36일이라면 매출총이익은? (단, 재고자산은 상품으로만 구성되어 있고, 1년은 360일로 계산한다) 〈2021 9급〉

① ₩0
② ₩500,000
③ ₩1,000,000
④ ₩2,000,000

해설

③ ₩1,000,000

$$유동비율\ 400\% = \frac{유동자산}{유동부채} = \frac{400,000}{100,000}$$

$$당좌비율\ 100\% = \frac{당좌자산}{유동부채} = \frac{100,000}{100,000}$$

유동자산 400,000 - 당좌자산 100,000 = 재고자산 300,000

$$재고자산평균처리기간\ 36일 = \frac{360일}{재고자산회전율}$$

따라서 재고자산회전율 = 10회

$$재고자산회전율\ 10회 = \frac{매출원가}{평균재고자산} = \frac{매출원가}{(100,000+300,000)/2}$$

따라서 매출원가 = 2,000,000

매출 3,000,000 - 매출원가 2,000,000 = 매출총이익 1,000,000

19 (주)한국의 20×1년 재무상태와 재무성과 자료는 다음과 같다.

	기초	기말
총자산	₩5,000,000	₩6,500,000
총부채	₩2,000,000	?
총수익		₩1,000,000
총비용		₩800,000

20×1년 기중에 ₩500,000을 유상증자하였으며, ₩100,000을 현금배당하였을 경우, 기말부채는? (단, 다른 자본항목의 변동은 없다)

〈2020 9급〉

① ₩2,700,000
② ₩2,900,000
③ ₩3,600,000
④ ₩4,300,000

해설

② ₩2,900,000

기초 재무상태표

자산	5,000,000	부채	2,000,000
		자본	3,000,000
	5,000,000		5,000,000

⇒

기말 재무상태표

자산	6,500,000	부채	2,900,000
		자본	3,600,000
	6,500,000		6,500,000

기중 증감내역	
총수익	1,000,000
총비용	(800,000)
당기순이익	200,000
현금배당금 지급	(100,000)
유상증자	500,000
자본의 증가	600,000

20

「주식회사 등의 외부감사에 관한 법률」상 기업의 재무제표 작성 책임이 있는 자는? 〈2020 9급〉

① 회사의 대표이사와 회계담당 임원(회계담당 임원이 없는 경우에는 회계업무를 집행하는 직원)
② 주주 및 채권자
③ 공인회계사
④ 금융감독원

해설

① 회사의 대표이사와 회계담당 임원(회계담당 임원이 없는 경우에는 회계업무를 집행하는 직원)

[주식회사 등의 외부감사에 관한 법률]

제6조(재무제표의 작성 책임 및 제출)
① 회사의 대표이사와 회계담당 임원(회계담당 임원이 없는 경우에는 회계업무를 집행하는 직원을 말한다. 이하 이 조에서 같다)은 해당 회사의 재무제표를 작성할 책임이 있다.

21 재무상태표에 현금및현금성자산으로 표시될 금액은? 〈2020 9급〉

• 수입인지	₩50,000
• 송금수표	₩50,000
• 선일자수표	₩50,000
• 자기앞수표	₩100,000
• 타인발행수표	₩100,000
• 당좌개설보증금	₩100,000
• 취득 당시 만기 120일인 양도성예금증서	₩100,000

① ₩400,000
② ₩350,000
③ ₩300,000
④ ₩250,000

해설

④ ₩250,000

현금및현금성자산 = 송금수표 50,000 + 자기앞수표 100,000 + 타인발행수표 100,000 = 250,000

22 주석에 관한 설명으로 옳지 않은 것은? 〈2020 9급〉

① 한국채택국제회계기준에서 요구하는 정보이지만 재무제표 어느 곳에도 표시되지 않는 정보를 제공한다.
② 재무제표 어느 곳에도 표시되지 않지만 재무제표를 이해하는 데 목적적합한 정보를 제공한다.
③ 재무제표의 이해가능성과 비교가능성에 미치는 영향을 고려하여 실무적으로 적용 가능한 한 체계적인 방법으로 표시한다.
④ 재무제표에 첨부되는 서류로 주요 계정과목의 변동을 세부적으로 기술한 보조적 명세서이다.

해설

④ 재무제표에 첨부되는 서류로 주요 계정과목의 변동을 세부적으로 기술한 보조적 명세서이다.

[K-IFRS 제1001호 재무제표 표시]

주석: 재무상태표, 포괄손익계산서, 자본변동표 및 현금흐름표에 표시하는 정보에 추가하여 제공된 정보. 주석은 상기 재무제표에 표시된 항목을 구체적으로 설명하거나 세분화하며, 상기 재무제표 인식요건을 충족하지 못하는 항목에 대한 정보를 제공한다.

23 포괄손익계산서에 대한 설명으로 옳지 않은 것은? 〈2020 9급〉

① 비용을 기능별로 분류하는 기업은 감가상각비, 기타 상각비와 종업원급여비용을 포함하여 비용의 성격에 대한 추가 정보를 공시한다.
② 재분류조정을 주석에 표시하는 경우에는 관련 재분류조정을 반영한 후에 당기손익의 항목을 표시한다.
③ 수익과 비용의 어느 항목도 당기손익과 기타포괄손익을 표시하는 보고서 또는 주석에 특별손익 항목으로 표시할 수 없다.
④ 유형자산재평가잉여금을 이익잉여금으로 대체하는 경우 그 금액은 당기손익으로 인식하지 않는다.

해설

② 재분류조정을 주석에 표시하는 경우에는 관련 재분류조정을 반영한 후에 당기손익의 항목을 표시한다.

[K-IFRS 제1001호 재무제표 표시]

94 재분류조정은 포괄손익계산서나 주석에 표시할 수 있다. 재분류조정을 주석에 표시하는 경우에는 관련 재분류조정을 반영한 후에 기타포괄손익의 항목을 표시한다.

24 **(주)한국의 당기 매출은 외상 거래만 있었다고 할 때, 다음 자료를 이용한 활동성 비율분석의 해석으로 옳지 않은 것은? (단, 활동성 비율 계산 시 분모는 기초잔액과 기말잔액의 평균금액을 이용하며, 1년을 360일로 계산한다)** 〈2020 9급〉

매출채권				재고자산			
기초	₩1,000	현금	₩47,000	기초	₩1,000	매출원가	₩25,000
				매입채무	₩20,000		
매출액	₩50,000			현금	₩8,000		

① 매출채권회전율은 20회이다.
② 재고자산회전율은 12회이다.
③ 매출채권의 평균회수기간은 18일이다.
④ 재고자산의 평균판매기간은 36일이다.

해설

② 재고자산회전율은 12회이다.

$$\text{매출채권회전율} = \frac{\text{매출}}{\text{평균매출채권}} = \frac{50{,}000}{(1{,}000+4{,}000)/2} = 20\text{회}$$

$$\text{재고자산회전율} = \frac{\text{매출원가}}{\text{평균재고자산}} = \frac{25{,}000}{(1{,}000+4{,}000)/2} = 10\text{회}$$

$$\text{매출채권평균회수기간} = \frac{360\text{일}}{20\text{회}} = 18\text{일}$$

$$\text{재고자산평균판매기간} = \frac{360\text{일}}{10\text{회}} = 36\text{일}$$

25 **(주)한국의 현재 유동자산은 ₩100, 유동부채는 ₩200이다. 다음 거래가 (주)한국의 유동비율에 미치는 영향으로 옳지 않은 것은?**

〈2020 9급〉

① 토지를 ₩30에 취득하면서 취득 대금 중 ₩10은 현금으로 지급하고 나머지는 2년 후에 지급하기로 한 거래는 유동비율을 감소시킨다.

② 재고자산을 현금 ₩10에 구입한 거래는 유동비율에 영향을 미치지 않는다.

③ 단기차입금을 현금 ₩20으로 상환한 거래는 유동비율에 영향을 미치지 않는다.

④ 3년 만기 사채를 발행하고 현금 ₩30을 수령한 거래는 유동비율을 증가시킨다.

해설

③ 단기차입금을 현금 ₩20으로 상환한 거래는 유동비율에 영향을 미치지 않는다.

$$\text{유동비율} = \frac{\text{유동자산}}{\text{유동부채}} = \frac{100}{200} = 50\% \Rightarrow \frac{80}{180} = 44\%$$

26 (주)한국의 다음 재무자료를 이용한 기타포괄이익은? 〈2021 9급〉

• 기초자산	₩15,000	• 기초부채	₩ 8,000
• 기말자산	₩18,000	• 기말부채	₩ 5,000
• 당기순이익	₩ 3,000	• 유상증자	₩ 2,000
• 현금배당	₩ 1,000	• 기타포괄이익	?

① ₩0
② ₩1,000
③ ₩2,000
④ ₩3,000

해설

③ ₩2,000

기초 재무상태표

자산	15,000	부채	8,000
		자본	7,000
	15,000		15,000

⇒

기말 재무상태표

자산	18,000	부채	5,000
		자본	13,000
	18,000		18,000

기중 증감내역	
당기순이익	3,000
유상증자	2,000
현금배당금	(1,000)
기타포괄이익	2,000
자본의 증가	6,000

27 「한국채택국제회계기준」에서 제시된 '상계'에 대한 설명으로 옳지 않은 것은? 〈2021 9급〉

① 외환손익 또는 단기매매 금융상품에서 발생하는 손익과 같이 유사한 거래의 집합에서 발생하는 차익과 차손은 중요성을 고려하지 않고 순액으로 표시한다.
② 확정급여제도의 초과적립액을 다른 제도의 확정급여채무를 결제하는 데 사용할 수 있는 법적으로 집행가능한 권리가 있고, 순액기준으로 확정급여채무를 결제할 의도가 있거나, 동시에 제도의 초과적립액을 실현하고 다른 제도의 확정급여채무를 결제할 의도가 있다면, 확정급여제도와 관련한 자산은 다른 확정급여제도와 관련된 부채와 상계한다.
③ 투자자산 및 영업용자산을 포함한 비유동자산의 처분손익은 처분대가에서 그 자산의 장부금액과 관련처분비용을 차감하여 표시한다.
④ 충당부채와 관련하여 포괄손익계산서에 인식한 비용은 제삼자의 변제와 관련하여 인식한 금액과 상계하여 표시할 수 있다.

해설

① 외환손익 또는 단기매매 금융상품에서 발생하는 손익과 같이 유사한 거래의 집합에서 발생하는 차익과 차손은 중요성을 고려하지 않고 순액으로 표시한다.

[K-IFRS 제1001호 재무제표 표시]

35 또한 예를 들어, 외환손익 또는 단기매매 금융상품에서 발생하는 손익과 같이 유사한 거래의 집합에서 발생하는 차익과 차손은 순액으로 표시한다. 그러나 그러한 차익과 차손이 중요한 경우에는 구분하여 표시한다.

28 다음의 20×1년 재무정보를 이용한 매출총이익은? (단, 회전율 계산 시 기초와 기말의 평균값을 이용한다) 〈2021 9급〉

매출채권회전율	10회	재고자산회전율 (매출원가 기준)	6회
기초매출채권	₩600	기초재고자산	₩500
기말매출채권	₩400	기말재고자산	₩700

① ₩1,000
② ₩1,400
③ ₩1,900
④ ₩2,200

해설

② ₩1,400

매출채권회전율 10회 $= \frac{\text{매출}}{\text{평균매출채권}} = \frac{\text{매출}}{(600+400)/2}$ 따라서 매출 = 5,000

재고자산회전율 6회 $= \frac{\text{매출원가}}{\text{평균재고자산}} = \frac{\text{매출원가}}{(500+700)/2}$ 따라서 매출원가 = 3,600

매출 5,000 - 매출원가 3,600 = 매출총이익 1,400

29 재무제표 요소의 측정에 관한 설명으로 옳지 않은 것은?

〈2021 경영지도사〉

① 역사적원가의 측정시점은 과거이다.
② 현행원가의 측정시점은 현재이다.
③ 사용가치의 측정시점은 미래이다.
④ 공정가치는 유입가치이다.
⑤ 사용가치는 유출가치이다.

해설

④ 공정가치는 유입가치이다.

공정가치(fair value)는 측정일에 시장참여자 사이의 정상거래에서 자산을 매도할 때 받거나 부채를 이전할 때 지급하게 될 가격이다. 공정가치는 유출가치이다. 유출가치는 자산을 매도하면서 수취하거나 부채를 이전하면서 지급하게 될 가격을 말한다.

30 재무제표의 작성과 표시에 관한 설명으로 옳지 않은 것은?

〈2021 경영지도사〉

① 경영진은 재무제표를 작성할 때 계속기업으로서의 존속가능성을 평가해야 한다.

② 기존의 대출계약조건에 따라 보고기간 후 적어도 12개월 이상 부채를 차환하거나 연장할 것으로 기대하고 있고 그런 재량권이 있는 경우라도 보고기간 후 12개월 이내에 만기가 도래하면 유동부채로 분류한다.

③ 한국채택국제회계기준을 준수하여 재무제표를 작성하는 기업은 그러한 준수 사실을 주석에 명시적이고 제한없이 기재한다.

④ 기업은 현금흐름 정보를 제외하고는 발생기준 회계를 사용하여 재무제표를 작성한다.

⑤ 재고자산이나 매출채권에 대한 평가충당금을 차감하여 관련 자산을 순액으로 표시하는 것은 상계표시에 해당하지 않는다.

해설

② 기존의 대출계약조건에 따라 보고기간 후 적어도 12개월 이상 부채를 차환하거나 연장할 것으로 기대하고 있고 그런 재량권이 있는 경우라도 보고기간 후 12개월 이내에 만기가 도래하면 유동부채로 분류한다.

[K-IFRS 제1001호 재무제표 표시]

73 기업이 기존의 대출계약조건에 따라 보고기간 후 적어도 12개월 이상 부채를 차환하거나 연장할 것으로 기대하고 있고, 그런 재량권이 있다면, 보고기간 후 12개월 이내에 만기가 도래한다 하더라도 비유동부채로 분류한다. 그러나 기업에게 부채의 차환이나 연장에 대한 재량권이 없다면(예를 들어, 차환약정이 없는 경우), 차환가능성을 고려하지 않고 유동부채로 분류한다.

31 현금흐름표에 관한 설명으로 옳지 않은 것은? 〈2021 경영지도사〉

① 자금개념을 현금및현금성자산으로 정의한다.
② 기간별 경영성과를 평가하는데 유용하다.
③ 영업, 투자 및 재무활동으로 분류하여 보고한다.
④ 배당지급능력 및 부채상환능력에 대한 정보를 제공한다.
⑤ 미래현금흐름의 예측과 평가에 유용한 정보를 제공한다.

해설

② 기간별 경영성과를 평가하는데 유용하다.

기간별 경영성과를 평가하는데 유용한 재무제표는 포괄손익계산서이다.

32 (주)한국의 20×1년도 매출액이 ₩1,200,000, 매출채권회수기간이 72일(1년은 360일 가정)인 경우 평균매출채권 금액은? (단, 매출액은 전액 외상매출이며, 매출채권회전율 계산 시 재무상태표계정은 기초와 기말의 평균값을 이용한다.) 〈2021 경영지도사〉

① ₩200,000
② ₩240,000
③ ₩280,000
④ ₩320,000
⑤ ₩360,000

해설

② ₩240,000

$$\text{매출채권회수기간 72일} = \frac{360\text{일}}{\text{매출채권회전율}}$$

따라서 매출채권회전율 = 5회

$$\text{매출채권회전율 5회} = \frac{\text{매출}}{\text{평균매출채권}} = \frac{1{,}200{,}000}{\text{평균매출채권}}$$

따라서 평균매출채권 = 240,000

33 회계감사에 관한 설명으로 옳지 않은 것은? 〈2021 경영지도사〉

① 감사인의 의견표명에 따라 재무제표의 신뢰성을 제고하고 재무제표 이용자가 회사에 대한 올바른 판단을 할 수 있도록 한다.
② 감사인은 충분하고 적합한 감사증거를 입수한 결과 왜곡표시가 재무제표에 개별적으로 또는 집합적으로 중요하며 동시에 전반적이라고 결론을 내리는 경우 한정의견을 표명해야 한다.
③ 감사보고서는 감사기준에 따라 수행된 감사에 대한 감사인의 보고로 반드시 서면방식으로 해야 한다.
④ 재무제표에 대한 감사인의 의견은 회사의 재무상태 또는 경영성과의 양호 여부를 평가하거나 장래 전망을 보장하는 것은 아니다.
⑤ 회계감사를 수행하더라도 재무제표 작성에 대한 경영진의 책임은 감사인에게로 이전될 수 없다.

해설

② 감사인은 충분하고 적합한 감사증거를 입수한 결과 왜곡표시가 재무제표에 개별적으로 또는 집합적으로 중요하며 동시에 전반적이라고 결론을 내리는 경우 한정의견을 표명해야 한다.

감사인은 충분하고 적합한 감사증거를 입수한 결과 왜곡표시가 재무제표에 개별적으로 또는 집합적으로 중요하며 동시에 전반적이라고 결론을 내리는 경우 부적정의견을 표명해야 한다.

34 **(주)한국의 20×1년 말 당좌예금계정 잔액은 ₩25,500이었으나 은행 예금증명서상의 당좌예금 잔액은 ₩29,000으로 서로 불일치하였다. (주)한국의 20×1년 말 정확한 당좌예금 잔액은?** 〈2021 경영지도사〉

• 미통지은행입금	₩5,000	• 기발행 미인출수표	₩1,500
• 부도수표	2,500	• 은행수수료	500

① ₩25,500
② ₩26,000
③ ₩27,500
④ ₩28,000
⑤ ₩30,500

해설

③ ₩27,500

	(주)한국		은행	
조정전		25,500		29,000
	미통지예금	5,000	기발행미인출	(1,500)
	부도수표	(2,500)		
	지급수수료	(500)		
조정후		27,500		27,500

35 수익과 비용의 인식에 관한 설명으로 옳지 않은 것은?

〈2021 경영지도사〉

① 광의의 수익에는 수익과 차익이 모두 포함된다.
② 수익은 가득요건과 실현요건이 충족될 때 인식한다.
③ 판매세나 부가가치세 등과 같이 제3자를 대신하여 받는 금액은 수익에서 제외한다.
④ 비용은 수익·비용대응의 원칙에 따라 인식한다.
⑤ 당기에 발생한 원가 중 미래 경제적 효익의 가능성이 불확실한 경우 합리적인 배분절차에 따라 비용을 인식한다.

해설

⑤ 당기에 발생한 원가 중 미래 경제적 효익의 가능성이 불확실한 경우 합리적인 배분절차에 따라 비용을 인식한다.

당기에 발생한 원가 중 미래 경제적 효익의 가능성이 불확실한 경우 당기 발생한 원가를 모두 당기 비용으로 인식한다.

36 재무제표의 요소에 관한 설명으로 옳은 것은? 〈2020 경영지도사〉

① 미래의 사건으로 기업이 통제할 수 있게 될 경제적 자원도 자산이 될 수 있다.
② 본인이 통제하고 대리인이 관리하는 경제적 자원은 대리인의 자산이다.
③ 부채는 과거사건의 결과로 기업이 경제적 자원을 이전해야 하는 미래의무이다.
④ 자본은 자산이나 부채의 정의와 관계없이 독자적으로 정의된다.
⑤ 기업이 책임을 회피할 수 있는 실제 능력이 없어야만 부채로 기록한다.

해설

⑤ 기업이 책임을 회피할 수 있는 실제 능력이 없어야만 부채로 기록한다.

[K-IFRS 재무보고를 위한 개념체계]

4.3 자산은 과거사건의 결과로 기업이 통제하는 현재의 경제적자원이다.

4.4 경제적자원은 경제적효익을 창출할 잠재력을 지닌 권리이다.

4.26 부채는 과거사건의 결과로 기업이 경제적자원을 이전해야 하는 현재의무이다.

4.27 부채가 존재하기 위해서는 다음의 세 가지 조건을 모두 충족하여야 한다.
(1) 기업에게 의무가 있다(문단 4.28~4.35 참조).
(2) 의무는 경제적자원을 이전하는 것이다(문단 4.36~4.41 참조).
(3) 의무는 과거사건의 결과로 존재하는 현재의무이다(문단 4.42~4.47 참조).

37 다음 내용과 관련된 재무제표 요소의 측정기준은? 〈2020 경영지도사〉

• 다른 측정기준보다 더 단순하고 비용이 적게 든다. • 일반적으로 잘 이해되며 대부분 검증가능하다.

① 공정가치
② 현행원가
③ 자산의 사용가치
④ 역사적 원가
⑤ 부채의 이행가치

해설

④ 역사적 원가

[K-IFRS 재무보고를 위한 개념체계]

6.4 역사적 원가 측정치는 적어도 부분적으로 자산, 부채 및 관련 수익과 비용을 발생시키는 거래나 그 밖의 사건의 가격에서 도출된 정보를 사용하여 자산, 부채 및 관련 수익과 비용에 관한 화폐적 정보를 제공한다. 현행가치와 달리 역사적 원가는 자산의 손상이나 손실부담에 따른 부채와 관련되는 변동을 제외하고는 가치의 변동을 반영하지 않는다(문단 6.7(3)과 6.8(2) 참조).

6.5 자산을 취득하거나 창출할 때의 역사적 원가는 자산의 취득 또는 창출에 발생한 원가의 가치로서, 자산을 취득 또는 창출하기 위하여 지급한 대가와 거래원가를 포함한다. 부채가 발생하거나 인수할 때의 역사적 원가는 발생시키거나 인수하면서 수취한 대가에서 거래원가를 차감한 가치이다.

38

(주)한국의 재무상태표 일부는 다음과 같다. 20×2년도 상품에 대한 매출원가가 ₩1,000인 경우 (주)한국이 공급자에게 지급한 현금유출액은? 〈2020 경영지도사〉

	20×1년 말	20×2년 말
상 품	₩100	₩200
매입채무	130	150

① ₩880
② ₩920
③ ₩1,000
④ ₩1,080
⑤ ₩1,120

해설

④ ₩1,080

상품

기초	100	매출원가	1,000
매입채무	1,100	기말	200
	1,200		1,200

매입채무

현금	1,080	기초	130
기말	150	상품	1,100
	1,230		1,230

39 다음 중 유동부채로 분류되는 것을 모두 고른 것은?

〈2020 경영지도사〉

ㄱ. 정상영업주기 내에 결제될 것으로 예상하고 있다. ㄴ. 주로 단기매매 목적으로 보유하고 있다. ㄷ. 보고기간 후 12개월 이내에 결제하기로 되어 있다. ㄹ. 보고기간 후 12개월 이상 부채의 결제를 연기할 수 있는 무조건의 권리를 가지고 있다.

① ㄱ, ㄷ
② ㄴ, ㄹ
③ ㄷ, ㄹ
④ ㄱ, ㄴ, ㄷ
⑤ ㄱ, ㄴ, ㄷ, ㄹ

해설

④ ㄱ, ㄴ, ㄷ

보고기간 후 12개월 이상 부채의 결제를 연기할 수 있는 무조건의 권리를 가지고 있다면 비유동부채로 분류한다.

40 **(주)한국의 유동자산은 ₩2,500이고 유동부채는 ₩1,000이며 당좌자산은 ₩2,000이다. 다음과 같은 거래가 발생하였을 경우 유동비율과 당좌비율에 미치는 영향은? (단, 상품에 대해 실지재고조사법을 적용한다.)** 〈2020 경영지도사〉

- 상품을 ₩300에 판매하고 현금 ₩200을 수취하였다.
- 은행으로부터 3개월 후 상환하는 조건으로 ₩200을 차입하였다.

	유동비율	당좌비율
①	감소	증가
②	증가	불변
③	불변	불변
④	불변	증가
⑤	증가	감소

해설

④ 불변 증가

$$유동비율 = \frac{유동자산}{유동부채} = \frac{2,500}{1,000} = 250\%$$

$$\Rightarrow \frac{2,500+현금200+현금200+매출채권100}{1,000+차입금200} = 250\%\ (불변)$$

$$당좌비율 = \frac{당좌자산}{유동부채} = \frac{2,000}{1,000} = 200\%$$

$$\Rightarrow \frac{2,000+현금200+현금200+매출채권100}{1,000+차입금200} = 208\%\ (증가)$$

41 **20×1년 말 (주)한국의 당좌예금계정 잔액은 ₩90,000으로 은행으로부터 수령한 (주)한국의 은행조회서상 예금잔액과 일치하지 않았다. 불일치에 대한 원인이 다음과 같을 때, 정확한 당좌예금계정 잔액은?**

〈2020 경영지도사〉

- (주)한국이 은행에 입금한 ₩10,000을 은행 측이 아직 입금으로 기록하지 않았다.
- 자동이체를 신청한 전기요금 ₩15,000이 차감되었지만 (주)한국은 모르고 있었다.
- 부도수표 ₩20,000이 발생하였지만 (주)한국은 통보받지 못하였다.

① ₩45,000
② ₩55,000
③ ₩60,000
④ ₩75,000
⑤ ₩80,000

해설

② ₩55,000

	(주)한국		은행	
조정전		90,000		45,000
	전기요금	(15,000)	미기록예금	10,000
	부도수표	(20,000)		
조정후		55,000		55,000

42 **(주)한국의 20×1년 초 자산총액은 ₩1,000,000이고, 부채총액은 ₩600,000이며, 20×1년도 총포괄이익은 ₩50,000이다. 20×1년 중 자본과 관련된 거래가 다음과 같을 때 20×1년 말 자본총액은?**

〈2020 경영지도사〉

> • 자기주식(주당 취득원가 ₩2,100) 10주를 주당 ₩1,900에 재발행
> • 미처분이익잉여금 처분내역:
> 이익준비금 적립 ₩1,000 현금배당 ₩10,000 주식배당 ₩2,000

① ₩449,000
② ₩456,000
③ ₩457,000
④ ₩459,000
⑤ ₩479,000

해설

④ ₩459,000

기초 재무상태표

자산	1,000,000	부채	600,000
		자본	400,000
	1,000,000		1,000,000

기말 재무상태표

자산		부채	
		자본	459,000

기중 증감내역	
총포괄이익	50,000
자기주식	21,000
자기주식처분손실	(2,000)
현금배당금	(10,000)
자본의 증가	59,000

자기주식 재발행	차)	현금 19,000 자기주식처분손실 2,000	대)	자기주식 21,000
미처분이익잉여금 처분	차)	미처분이익잉여금 13,000	대)	이익준비금 1,000 현금 10,000 자본금 2,000

CHAPTER

4

수익의 인식

CHAPTER 4

수익의 인식

1 (1단계) 고객과의 계약을 식별

다음 기준을 모두 충족하는 때에만, 이 기준서의 적용범위에 포함되는 고객과의 계약으로 회계처리한다.(9)

(1) 계약 당사자들이 계약을 (서면으로, 구두로, 그 밖의 사업 관행에 따라) 승인하고 각자의 의무를 수행하기로 확약한다.

(2) 이전할 재화나 용역과 관련된 각 당사자의 권리를 식별할 수 있다.

(3) 이전할 재화나 용역의 지급조건을 식별할 수 있다.

(4) 계약에 상업적 실질이 있다(계약의 결과로 기업의 미래 현금흐름의 위험, 시기, 금액이 변동될 것으로 예상된다).

(5) 고객에게 이전할 재화나 용역에 대하여 받을 권리를 갖게 될 대가의 회수 가능성이 높다. 대가의 회수 가능성이 높은지를 평가할 때에는 지급기일에 고객이 대가(금액)를 지급할 수 있는 능력과 지급할 의도만을 고려한다. 기업이 고객에게 가격할인(price concessions)을 제공할 수 있기 때문에 대가가 변동될 수 있다면, 기업이 받을 권리를 갖게 될 대가는 계약에 표시된 가격보다 적을 수 있다.

2 (2단계) 수행의무를 식별

계약 개시시점에 고객과의 계약에서 약속한 재화나 용역을 검토하여 고객에게 다음 중 어느 하나를 이전하기로 한 각 약속을 하나의 수행의무로 식별한다.(22)

(1) 구별되는 재화나 용역(또는 재화나 용역의 묶음)

(2) 실질적으로 서로 같고 고객에게 이전하는 방식도 같은 '일련의 구별되는 재화나 용역'

3 (3단계) 거래가격을 산정

수행의무를 이행할 때(또는 이행하는 대로), 그 수행의무에 배분된 거래가격을 수익으로 인식한다.(46)

거래가격을 산정하기 위해서는 계약 조건과 기업의 사업 관행을 참고한다. 거래가격은 고객에게 약속한 재화나 용역을 이전하고 그 대가로 기업이 받을 권리를 갖게 될 것으로 예상하는 금액이며, 제삼자를 대신해서 회수한 금액(예: 일부 판매세)은 제외한다. 고객과의 계약에서 약속한 대가는 고정금액, 변동금액 또는 둘 다를 포함할 수 있다.(47)

4 (4단계) 거래가격을 계약 내 수행의무에 배분

거래가격을 배분하는 목적은 기업이 고객에게 약속한 재화나 용역을 이전하고 그 대가로 받을 권리를 갖게 될 금액을 나타내는 금액으로 각 수행의무(또는 구별되는 재화나 용역)에 거래가격을 배분하는 것이다.(73)

거래가격을 상대적 개별 판매가격에 기초하여 각 수행의무에 배분하기 위하여 계약 개시시점에 계약상 각 수행의무의 대상인 구별되는 재화나 용역의 개별 판매가격을 산정하고 이 개별 판매가격에 비례하여 거래가격을 배분한다.(76)

5 (5단계) 수행의무를 이행할 때(또는 기간에 걸쳐 이행하는 대로) 수익을 인식

고객에게 약속한 재화나 용역, 즉 자산을 이전하여 수행의무를 이행할 때(또는 기간에 걸쳐 이행하는 대로) 수익을 인식한다. 자산은 고객이 그 자산을 통제할 때(또는 기간에 걸쳐 통제하게 되는 대로) 이전된다.(31)

다음 기준 중 어느 하나를 충족하면, 기업은 재화나 용역에 대한 통제를 기간에 걸쳐 이전하므로, 기간에 걸쳐 수행의무를 이행하는 것이고 기간에 걸쳐 수익을 인식한다.(35)

(1) 고객은 기업이 수행하는 대로 기업의 수행에서 제공하는 효익을 동시에 얻고 소비한다.

(2) 기업이 수행하여 만들어지거나 가치가 높아지는 대로 고객이 통제하는 자산(예: 재공품)을 기업이 만들거나 그 자산 가치를 높인다.

(3) 기업이 수행하여 만든 자산이 기업 자체에는 대체 용도가 없고, 지금까지 수행을 완료한 부분에 대해 집행 가능한 지급청구권이 기업에 있다.

수행의무가 기간에 걸쳐 이행되지 않는다면, 그 수행의무는 한 시점에 이행되는 것이다. 고객이 약속된 자산을 통제하고 기업이 수행의무를 이행하는 시점을 판단하기 위해, 문단 31~34의 통제에 관한 요구사항을 참고한다. 또 다음과 같은 통제 이전의 지표(다음이 포함되나 이에 한정되지는 않는다)를 참고하여야 한다.(38)

(1) 기업은 자산에 대해 현재 지급청구권이 있다.—고객이 자산에 대해 지급할 현재 의무가 있다면, 이는 고객이 교환되는 자산의 사용을 지시하고 자산의 나머지 효익의 대부분을 획득할 능력을 갖

게 되었음을 나타낼 수 있다.

(2) 고객에게 자산의 법적 소유권이 있다.—법적 소유권은 계약 당사자 중 누가 '자산의 사용을 지시하고 자산의 나머지 효익의 대부분을 획득할 능력이 있는지' 또는 '그 효익에 다른 기업이 접근하지 못하게 하는 능력이 있는지'를 나타낼 수 있다. 그러므로 자산의 법적 소유권의 이전은 자산을 고객이 통제하게 되었음을 나타낼 수 있다. 고객의 지급불이행에 대비한 안전장치로서만 기업이 법적 소유권을 보유한다면, 그러한 기업의 권리가 고객이 자산을 통제하게 되는 것을 막지는 못할 것이다.

(3) 기업이 자산의 물리적 점유를 이전하였다.—자산에 대한 고객의 물리적 점유는 고객이 '자산의 사용을 지시하고 자산의 나머지 효익의 대부분을 획득할 능력'이 있거나 '그 효익에 다른 기업이 접근하지 못하게 하는 능력'이 있음을 나타낼 수 있다. 그러나 물리적 점유는 자산에 대한 통제와 일치하지 않을 수 있다. 예를 들면 일부 재매입약정이나 위탁약정에서는 고객이나 수탁자가 기업이 통제하는 자산을 물리적으로 점유할 수 있다. 이와 반대로, 일부 미인도청구약정에서는 고객이 통제하는 자산을 기업이 물리적으로 점유할 수 있다. 문단 B64~B76, B77~B78, B79~B82에서는 각각 재매입약정, 위탁약정, 미인도청구약정의 회계처리 지침을 제공한다.

(4) 자산의 소유에 따른 유의적인 위험과 보상이 고객에게 있다.—자산의 소유에 따른 유의적인 위험과 보상이 고객에게 이전되었다는 것은 자산의 사용을 지시하고 자산의 나머지 효익의 대부분을 획득할 능력이 고객에게 있음을 나타낼 수 있다. 그러나 약속된 자산의 소유에 따른 위험과 보상을 평가할 때에는, 그 자산을 이전해야 하는 수행의무에 더하여 별도의 수행의무를 생기게 할 위험은 고려하지 않는다. 예를 들면 기업이 고객에게 자산에 대한 통제를 이전하였으나 이전한 자산과 관련된 유지용역을 제공해

야 하는 추가되는 수행의무는 아직 이행하지 못하였을 수 있다.

(5) 고객이 자산을 인수하였다—고객이 자산을 인수한 것은 '자산의 사용을 지시하고 자산의 나머지 효익의 대부분을 획득할 능력'이 고객에게 있음을 나타낼 수 있다. 계약상 고객의 인수 조항이 자산에 대한 통제를 이전하는 시점에 미치는 영향을 평가하기 위해서는 문단 B83~B86의 지침을 참고한다.

문단 35~37에 따라 기간에 걸쳐 이행하는 수행의무 각각에 대해, 그 수행의무 완료까지의 진행률(이하 '수행의무의 진행률'이라 한다)을 측정하여 기간에 걸쳐 수익을 인식한다. 진행률을 측정하는 목적은 고객에게 약속한 재화나 용역에 대한 통제를 이전(기업의 수행의무 이행)하는 과정에서 기업의 수행 정도를 나타내기 위한 것이다.(39)

기간에 걸쳐 이행하는 각 수행의무에는 하나의 진행률 측정방법을 적용하며 비슷한 상황에서의 비슷한 수행의무에는 그 방법을 일관되게 적용한다. 기간에 걸쳐 이행하는 수행의무의 진행률은 보고기간 말마다 다시 측정한다.(40)

적절한 진행률 측정방법에는 산출법과 투입법이 포함된다. 문단 B14~B19에서는 수행의무의 진행률을 측정하기 위한 산출법과 투입법의 사용 지침을 제공한다. 적절한 진행률 측정방법을 결정할 때, 고객에게 이전하기로 약속한 재화나 용역의 특성을 고려한다.(41)

시간이 흐르면서 상황이 바뀜에 따라 수행의무의 결과 변동을 반영하기 위해 진행률을 새로 수정한다. 이러한 진행률의 변동은 기업회계기준서 제1008호 '회계정책, 회계추정의 변경 및 오류'에 따라 회계추정의 변경으로 회계처리한다.(43)

수행의무의 진행률을 합리적으로 측정할 수 있는 경우에만, 기간에 걸쳐 이행하는 수행의무에 대한 수익을 인식한다. 적절한 진행률 측정방법을 적용하는 데 필요한 신뢰할 수 있는 정보가 부족하다면 수행의무의 진행률을 합리적으로 측정할 수 없을 것이다.(44)

어떤 상황(예: 계약 초기 단계)에서는 수행의무의 결과를 합리적으로 측정할 수 없으나, 수행의무를 이행하는 동안에 드는 원가는 회수될 것으로 예상한다. 그 상황에서는 수행의무의 결과를 합리적으로 측정할 수 있을 때까지 발생원가의 범위에서만 수익을 인식한다.(45)

〈출처: K-IFRS 제1115호 고객과의 계약에서 생기는 수익〉

* 괄호안의 숫자는 기준서 문단번호를 나타냄

01 고객과의 계약에서 생기는 수익에 관한 설명으로 옳지 않은 것은?

〈2021 감정평가사〉

① 거래가격을 산정하기 위해서는 계약 조건과 기업의 사업 관행을 참고하며, 거래가격에는 제삼자를 대신해서 회수한 금액은 제외한다.
② 고객과의 계약에서 약속한 대가는 고정금액, 변동금액 또는 둘 다를 포함할 수 있다.
③ 변동대가의 추정이 가능한 경우, 계약에서 가능한 결과치가 두 가지뿐일 경우에는 기댓값이 변동대가의 적절한 추정치가 될 수 있다.
④ 기업이 받을 권리를 갖게 될 변동대가(금액)에 미치는 불확실성의 영향을 추정할 때에는 그 계약 전체에 하나의 방법을 일관되게 적용한다.
⑤ 고객에게서 받은 대가의 일부나 전부를 고객에게 환불할 것으로 예상하는 경우에는 환불부채를 인식한다.

해설

③ 변동대가의 추정이 가능한 경우, 계약에서 가능한 결과치가 두 가지뿐일 경우에는 기댓값이 변동대가의 적절한 추정치가 될 수 있다.

[K-IFRS 제1115호 고객과의 계약에서 생기는 수익]

52 고객이 약속한 대가의 변동 가능성은 계약에 분명히 기재할 수도 있다. 약속한 대가는 계약 조건과 더불어 다음 중 어느 하나의 상황에서도 변동될 수 있다.

(1) 고객은 기업의 사업 관행, 공개한 경영방침이나 특정 성명(서)에 근거하여 기업이 계약에 표시된 가격보다 적은 대가(금액)를 받아들일 것이라는 정당한 기대를 한다. 즉, 기업이 가격할인(price concessions)을 제공할 것이라고 예상된다. 국가(법적 관할구역), 산업이나 고객에 따라 이러한 제안은 할인, 리베이트,

환불, 공제라고 말하기도 한다.

(2) 그 밖의 사실과 상황은 그 기업이 고객과 계약을 체결하는 시점에 고객에게 가격할인(price concessions)을 제공하려는 의도가 있다는 것을 나타낸다.

53 변동대가(금액)는 다음 중에서 기업이 받을 권리를 갖게 될 대가(금액)를 더 잘 예측할 것으로 예상하는 방법을 사용하여 추정한다.

(1) 기댓값—기댓값은 가능한 대가의 범위에 있는 모든 금액에 각 확률을 곱한(probability-weighted) 금액의 합이다. 기업에 특성이 비슷한 계약이 많은 경우에 기댓값은 변동대가(금액)의 적절한 추정치일 수 있다.

(2) 가능성이 가장 높은 금액—가능성이 가장 높은 금액은 가능한 대가의 범위에서 가능성이 가장 높은 단일 금액(계약에서 가능성이 가장 높은 단일 결과치)이다. 계약에서 가능한 결과치가 두 가지뿐일 경우(예: 기업이 성과보너스를 획득하거나 획득하지 못하는 경우)에는 가능성이 가장 높은 금액이 변동대가의 적절한 추정치가 될 수 있다.

02 **고객과의 계약으로 식별하기 위한 기준에 관한 설명으로 옳지 않은 것은?** 〈2021 감정평가사〉

① 계약 당사자들이 계약을 서면으로, 구두로 또는 그 밖의 사업 관행에 따라 승인하고 각자의 의무를 수행하기로 확약한다.
② 이전할 재화나 용역과 관련된 각 당사자의 권리를 식별할 수 있다.
③ 이전할 재화나 용역의 지급조건을 식별할 수 있다.
④ 계약에 상업적 실질을 요하지는 않는다.
⑤ 고객에게 이전할 재화나 용역에 대하여 받을 권리를 갖게 될 대가의 회수 가능성이 높다.

해설

④ 계약에 상업적 실질을 요하지는 않는다.

[K-IFRS 제1115호 고객과의 계약에서 생기는 수익]

9 다음 기준을 모두 충족하는 때에만, 이 기준서의 적용범위에 포함되는 고객과의 계약으로 회계처리한다.
(1) 계약 당사자들이 계약을 (서면으로, 구두로, 그 밖의 사업 관행에 따라) 승인하고 각자의 의무를 수행하기로 확약한다.
(2) 이전할 재화나 용역과 관련된 각 당사자의 권리를 식별할 수 있다.
(3) 이전할 재화나 용역의 지급조건을 식별할 수 있다.
(4) 계약에 상업적 실질이 있다(계약의 결과로 기업의 미래 현금흐름의 위험, 시기, 금액이 변동될 것으로 예상된다).
(5) 고객에게 이전할 재화나 용역에 대하여 받을 권리를 갖게 될 대가의 회수 가능성이 높다. 대가의 회수 가능성이 높은지를 평가할 때에는 지급기일에 고객이 대가(금액)를 지급할 수 있는 능력과 지급할 의도만을 고려한다. 기업이 고객에게 가격할인(price concessions)을 제공할 수 있기 때문에 대가가 변동될 수 있다면, 기업이 받을 권리를 갖게 될 대가는 계약에 표시된 가격보다 적을 수 있다(문단 52 참조).

03 (주)관세는 20×1년 초 장기건설계약(건설기간 4년)을 체결하였다. 총공사계약액은 ₩10,000이고 공사원가 관련 자료는 다음과 같다. (주)관세가 발생원가에 기초하여 진행률을 계산하는 경우, 20×3년도에 인식할 공사손익은? 〈2021 관세사〉

구분	20×1년	20×2년	20×3년	20×4년
당기발생 공사원가	₩1,200	₩2,300	₩2,500	₩2,000
완성에 소요될 추가공사원가 예상액	₩4,800	₩3,500	₩2,000	–

① ₩1,500 손실
② ₩700 손실
③ ₩0
④ ₩700 이익
⑤ ₩1,500 이익

해설

③ ₩0

구분	20×1년	20×2년	20×3년	20×4년
당기발생원가	1,200	2,300	2,500	2,000
누적발생원가(A)	1,200	3,500	6,000	8,000
추정총계약원가(B)	6,000	7,000	8,000	8,000
누적진행률(A/B)	20%	50%	75%	100%
공사수익	2,000	3,000	2,500	2,500
공사원가	1,200	2,300	2,500	2,000
공사손익	800	700	–	500

04 (주)관세는 20×1년 7월 1일 원가 ₩80,000의 재고자산을 판매하고 계약금으로 현금 ₩10,000을 수령한 후 다음과 같이 대금을 수령하기로 하였다. 재고자산 판매일 현재 할인율이 연 10%일 때 동 거래로 인하여 발생되는 (주)관세의 20×1년 매출총이익은? (단, 명목가치와 현재가치의 차이는 중요하고, 정상연금 ₩1의 현재가치는 2.4868 (3기간, 10%)이다.) 〈2021 관세사〉

20×2년 6월 30일	20×3년 6월 30일	20×4년 6월 30일
₩30,000	₩30,000	₩30,000

① ₩3,730
② ₩4,604
③ ₩8,334
④ ₩10,000
⑤ ₩20,000

해설

② ₩4,604

20×1. 7. 1.	차)	현금 10,000 장기매출채권 90,000	대)	매출[1] 84,604 현재가치할인차금 15,396

1) 30,000 × 3기간, 연10%의 연금 현가계수 = 30,000 × 2.4868
= 74,604

매출 10,000 + 74,604 = 84,604

매출 84,604 - 매출원가 80,000 = 매출총이익 4,604

05 (주)관세의 20×1년 재고자산 관련 자료이다. 20×1년도 정확한 매출원가와 당기순이익은? 〈2020 관세사〉

매출액	₩60,000
기초재고자산	10,000
당기순매입액	29,800
기말재고자산 ((주)한국으로부터 위탁받은 상품 ₩300 포함)	10,000
판매비와관리비 (판매전 보관을 위한 창고비용 ₩500 포함)	10,000
법인세율	40%

	매출원가	당기순이익
①	₩29,500	₩12,900
②	₩29,800	₩12,120
③	₩29,800	₩12,420
④	₩30,100	₩11,940
⑤	₩30,100	₩12,240

해설

④ ₩30,100 ₩11,940

재고자산

기초	10,000	매출원가	30,100
매입	29,800	기말	9,700
	39,800		39,800

매출	60,000
매출원가	(30,100)
매출총이익	29,900
판매비와관리비	(10,000)
법인세비용차감전순이익	19,900
법인세비용	(7,960)
당기순이익	11,940

06 **(주)한국은 대형 옥외전광판을 단위당 ₩30,000,000에 판매하고, 옥외전광판에 대한 연간 유지서비스를 단위당 ₩20,000,000에 제공하고 있다. 옥외전광판의 매출원가는 단위당 ₩20,000,000이며, 연간 유지서비스 원가는 단위당 ₩10,000,000이 발생한다. (주)한국은 20×1년 7월 1일에 옥외전광판 1단위와 이에 대한 1년간 유지서비스를 묶어서 ₩40,000,000에 판매하고 설치완료하였다. 이와 관련한 설명으로 옳지 않은 것은? (단, 기간은 월할 계산한다)**

〈2021 7급〉

① 20×1년 7월 1일에 인식한 매출액은 ₩24,000,000이다.
② 20×1년의 매출액은 ₩32,000,000이다.
③ 20×1년의 매출총이익은 ₩7,000,000이다.
④ 20×2년 매출총이익은 ₩6,000,000이다.

해설

④ 20×2년 매출총이익은 ₩6,000,000이다.

20×1. 7. 1.	차)	현금 40,000,000	대)	(전광판)매출 24,000,000 (유지서비스)선수수익 16,000,000
20×1.12.31.	차)	(유지서비스)선수수익 8,000,000	대)	(유지서비스)수익 8,000,000

매출(전광판 + 유지서비스) = 24,000,000 + 8,000,000
= 32,000,000

매출원가(전광판 + 유지서비스) = 20,000,000 + 5,000,000
= 25,000,000

매출총이익 = 매출 32,000,000 - 매출원가 25,000,000 =7,000,000

07 「고객과의 계약에서 생기는 수익」에 대한 설명으로 옳지 않은 것은?

〈2020 7급〉

① 거래가격을 배분하는 목적은 기업이 고객에게 약속한 재화나 용역을 이전하고 그 대가로 받을 권리를 갖게 될 금액을 나타내는 금액으로 각 수행의무에 거래가격을 배분하는 것이다.
② 개별 판매가격을 추정하기 위해 시장평가 조정 접근법을 적용하는 경우 개별 판매가격은 총 거래가격에서 계약에서 약속한 그 밖의 재화나 용역의 관측 가능한 개별 판매가격의 합계를 차감하여 추정한다.
③ 할인액 전체가 계약상 하나 이상의 일부 수행의무에만 관련된다는 관측 가능한 증거가 있는 때 외에는, 할인액을 계약상 모든 수행의무에 비례하여 배분한다.
④ 거래가격의 후속 변동은 계약 개시시점과 같은 기준으로 계약상 수행의무에 배분하므로, 계약을 개시한 후의 개별 판매가격 변동을 반영하기 위해 거래가격을 다시 배분하지 않는다.

해설

② 개별 판매가격을 추정하기 위해 시장평가 조정 접근법을 적용하는 경우 개별 판매가격은 총 거래가격에서 계약에서 약속한 그 밖의 재화나 용역의 관측 가능한 개별 판매가격의 합계를 차감하여 추정한다.

[K-IFRS 제1115호 고객과의 계약에서 생기는 수익]

79 재화나 용역의 개별 판매가격을 적절하게 추정하는 방법에는 다음이 포함되지만 이에 한정되지는 않는다.

(1) 시장평가 조정 접근법—기업이 재화나 용역을 판매하는 시장을 평가하여 그 시장에서 고객이 그 재화나 용역에 대해 지급하려는 가격을 추정할 수 있다. 비슷한 재화나 용역에 대한 경쟁자의

가격을 참조하고 그 가격에 기업의 원가와 이윤을 반영하기 위해 필요한 조정을 하는 방법을 포함할 수도 있다.

(2) 예상원가 이윤 가산 접근법—수행의무를 이행하기 위한 예상원가를 예측하고 여기에 그 재화나 용역에 대한 적절한 이윤을 더할 수 있다.

(3) 잔여접근법—재화나 용역의 개별 판매가격은 총 거래가격에서 계약에서 약속한 그 밖의 재화나 용역의 관측 가능한 개별 판매가격의 합계를 차감하여 추정할 수 있다. 그러나 잔여접근법은 다음 기준 중 어느 하나를 충족하는 경우에만, 문단 78에 따라 재화나 용역의 개별 판매가격 추정에 사용할 수 있다.

㈎ 같은 재화나 용역을 서로 다른 고객들에게 (동시에 또는 가까운 시기에) 광범위한 금액으로 판매한다(과거 거래나 그 밖의 관측 가능한 증거로 하나의 대표적인 개별 판매가격을 분간할 수 없어 판매가격이 매우 다양하다).

㈏ 재화나 용역의 가격을 아직 정하지 않았고 과거에 그 재화나 용역을 따로 판매한 적이 없다(판매가격이 불확실하다).

08

(주)한국은 상품을 외상매출하고 거래대금을 지급받지 않는 대신 거래상대방에게 상환해야 할 같은 금액의 채무를 변제하였다. 이 거래가 (주)한국의 자산, 부채, 수익 및 순이익에 미치는 영향을 옳게 짝지은 것은? (단, 판매한 상품의 매출원가는 거래대금의 80%이고 재고자산은 계속기록법을 적용한다) 〈2020 7급〉

	자산	부채	수익	순이익
①	감소	감소	증가	증가
②	불변	감소	불변	증가
③	증가	불변	증가	불변
④	감소	불변	증가	불변

해설

① 감소 감소 증가 증가

거래시	차)	차입금	1,000,000	대)	매출	1,000,000
	차)	매출원가	800,000	대)	재고자산	800,000

따라서 자산 감소, 부채 감소, 수익 증가, 비용 증가 ⇒ 순이익 증가

09 **다음은 20×1년 (주)한국의 재무제표와 거래 자료 중 일부이다.**

기초매입채무	₩4,000
기말매입채무	₩6,000
현금지급에 의한 매입채무 감소액	₩17,500
기초상품재고	₩6,000
기말상품재고	₩5,500
매출총이익	₩5,000

20×1년 손익계산서상 당기 매출액은? 〈2021 9급〉

① ₩24,000
② ₩25,000
③ ₩26,000
④ ₩27,000

해설

② ₩25,000

재고자산

기초	6,000	매출원가	20,000
매입채무	19,500	기말	5,500
	25,500		25,500

매입채무

현금	17,500	기초	4,000
기말	6,000	재고자산	19,500
	23,500		23,500

매출총이익 5,000 = 매출 - 매출원가 20,000

따라서 매출 = 25,000

10 고객과의 계약으로부터 발생하는 수익에서 거래가격 산정에 대한 설명으로 옳지 않은 것은? 〈2020 9급〉

① 거래가격을 산정하기 위해서는 계약 조건과 기업의 사업관행을 참고한다.
② 기업에 특성이 비슷한 계약이 많은 경우에 '기댓값'은 변동대가(금액)의 적절한 추정치일 수 있다.
③ 고객과의 계약에서 약속한 대가는 고정금액, 변동금액 또는 둘 다를 포함할 수 있다.
④ 비현금대가의 공정가치가 대가의 형태만이 아닌 이유로 변동된다면, 변동대가 추정치의 제약규정을 적용하지 않는다.

해설

④ 비현금대가의 공정가치가 대가의 형태만이 아닌 이유로 변동된다면, 변동대가 추정치의 제약규정을 적용하지 않는다.

[K-IFRS 제1115호 고객과의 계약에서 생기는 수익]

56 변동대가와 관련된 불확실성이 나중에 해소될 때, 이미 인식한 누적 수익 금액 중 유의적인 부분을 되돌리지(환원하지) 않을 가능성이 매우 높은(highly probable) 정도까지만 문단 53에 따라 추정된 변동대가(금액)의 일부나 전부를 거래가격에 포함한다.

57 변동대가와 관련된 불확실성이 나중에 해소될 때, 이미 인식한 누적 수익 금액 중 유의적인 부분을 되돌리지 않을 가능성이 매우 높을지를 평가할 때는 수익의 환원 가능성 및 크기를 모두 고려한다. 수익 환원 가능성을 높이거나 그 크기를 크게 할 수 있는 요인에는 다음 항목이 포함되나 이에 한정되지는 않는다.
(1) 대가(금액)가 기업의 영향력이 미치지 못하는 요인에 매우 민감하다. 그 요인에는 시장의 변동성, 제삼자의 판단이나 행동, 날씨

상황, 약속한 재화나 용역의 높은 진부화 위험이 포함될 수 있다.

(2) 대가(금액)에 대한 불확실성이 장기간 해소되지 않을 것으로 예상된다.

(3) 비슷한 유형의 계약에 대한 기업의 경험(또는 그 밖의 증거)이 제한적이거나, 그 경험(또는 그 밖의 증거)은 제한된 예측치만 제공한다.

(4) 폭넓게 가격할인(price concessions)을 제공하거나, 비슷한 상황에 있는 비슷한 계약의 지급조건을 변경하는 관행이 있다.

(5) 계약에서 생길 수 있는 대가가 다수이고 그 범위도 넓다.

58 지적재산 라이선스의 대가로 판매기준 또는 사용기준 로열티 형태로 약속된 대가의 회계처리는 문단 B63을 적용한다.

68 비현금 대가의 공정가치는 대가의 형태(예: 기업이 고객에게서 받을 권리가 있는 주식의 가격 변동) 때문에 변동될 수 있다. 고객이 약속한 비현금 대가의 공정가치가 대가의 형태만이 아닌 이유로 변동된다면(예: 공정가치가 기업의 성과에 따라 달라질 수 있음), 문단 56~58의 요구사항을 적용한다.

11

(주)한국은 20×1년 1월 1일 상품을 3년간 매년 말에 ₩200,000씩 3회에 걸쳐 분할회수하는 조건으로 판매하였다. 판매당시 시장이자율 12%일 때, (주)한국이 20×2년도 인식할 이자수익은? (단, 이자율 12%, 3기 연금현가계수는 2.40183이다.) 〈2021 경영지도사〉

① ₩24,000
② ₩40,561
③ ₩48,000
④ ₩57,644
⑤ ₩119,634

해설

② ₩40,561

20×1. 1. 1.	차)	장기매출채권 600,000	대)	매출[1] 480,366 현재가치할인차금 119,634

1) 200,000 × 3기간, 12% 연금 현가계수(2.40183) = 480,366

20×1.12.31.	차)	현금 200,000 현재가치할인차금 57,644	대)	장기매출채권 200,000 이자수익[2] 57,644

2) 기초 장기매출채권 잔액
(600,000−119,634=480,366) × 12% = 57,644

20×1.12.31.	차)	현금 200,000 현재가치할인차금 40,561	대)	장기매출채권 200,000 이자수익[3] 40,561

3) 기초 장기매출채권 잔액
(600,000−200,000−119,634+57,644=338,010) × 12% = 40,561

12 (주)한국은 20×1년 초 건물 신축공사 계약을 체결한 후 공사를 진행하고 있다. 총 계약수익은 ₩9,000이고 3년 후 건물 완공시까지 추정총계약원가는 ₩6,000이다. 20×1년도에 발생한 계약원가는 ₩1,200이며 공사대금으로 ₩1,500을 수취하였다. 20×1년도에 인식할 계약이익은? (단, 공사계약의 수익인식은 진행기준을 따르며 진행률은 누적발생계약원가를 추정총계약원가로 나눈 비율을 사용한다.) 〈2020 경영지도사〉

① ₩300
② ₩600
③ ₩850
④ ₩1,000
⑤ ₩1,800

해설

② ₩600

구분	20×1년
당기발생원가	1,200
누적발생원가(A)	1,200
추정총계약원가(B)	6,000
누적진행률(A/B)	20%
공사수익	1,800
공사원가	1,200
공사손익	600

13 다음 내용과 관련된 고객과의 계약에서 생기는 수익의 인식 단계는?

〈2020 경영지도사〉

고객과의 계약에서 약속한 재화나 용역을 검토하여 고객에게 구별되는 재화나 용역 또는 재화나 용역의 묶음을 이전하기로 한 약속

① 고객과의 계약의 식별
② 수행의무의 식별
③ 거래가격의 산정
④ 거래가격의 배분
⑤ 수행의무 이행과 수익의 인식

해설

② 수행의무의 식별

[K-IFRS 제1115호 고객과의 계약에서 생기는 수익]

수행의무를 식별함

22 계약 개시시점에 고객과의 계약에서 약속한 재화나 용역을 검토하여 고객에게 다음 중 어느 하나를 이전하기로 한 각 약속을 하나의 수행의무로 식별한다.
(1) 구별되는 재화나 용역(또는 재화나 용역의 묶음)
(2) 실질적으로 서로 같고 고객에게 이전하는 방식도 같은 '일련의 구별되는 재화나 용역'(문단 23 참조)

29 고객에게 재화나 용역을 이전하기로 하는 약속이 문단 27(2)에 따라 별도로 식별되는지를 파악할 때, 그 목적은 계약상 그 약속의 성격이 각 재화나 용역을 개별적으로 이전하는 것인지, 아니면 약속된 재화나 용역을 투입한 결합 품목(들)을 이전하는 것인지를 판단하는 것이다. 고객에게 재화나 용역을 이전하기로 하는 둘 이상의 약속을

별도로 식별해 낼 수 없음을 나타내는 요소에는 다음이 포함되지만, 이에 한정되지는 않는다.

(1) 기업은 해당 재화나 용역과 그 계약에서 약속한 다른 재화나 용역을 통합하는(이 통합으로 고객이 계약한 결합산출물(들)에 해당하는 재화나 용역의 묶음이 됨) 유의적인 용역을 제공한다. 다시 말해서, 기업은 고객이 특정한 결합산출물(들)을 생산하거나 인도하기 위한 투입물로서 그 재화나 용역을 사용하고 있다. 결합산출물(들)은 둘 이상의 단계, 구성요소, 단위를 포함할 수 있다.

(2) 하나 이상의 해당 재화나 용역은 그 계약에서 약속한 하나 이상의 다른 재화나 용역을 유의적으로 변형 또는 고객 맞춤화하거나, 계약에서 약속한 하나 이상의 다른 재화나 용역에 의해 변형 또는 고객 맞춤화 된다.

(3) 해당 재화나 용역은 상호의존도나 상호관련성이 매우 높다. 다시 말해서 각 재화나 용역은 그 계약에서 하나 이상의 다른 재화나 용역에 의해 유의적으로 영향을 받는다. 예를 들면 어떤 경우에는 기업이 각 재화나 용역을 별개로 이전하여 그 약속을 이행할 수 없을 것이기 때문에 둘 이상의 재화나 용역은 서로 유의적으로 영향을 주고받는다.

BC116L IASB와 FASB는 IFRS 15 문단 29의 요소를 '별도로 식별될 수 있다'라는 원칙의 개정 문구와 더 분명히 일치하도록 재구성하기로 결정하였다. 이 명확화는 '별도로 식별될 수 있다'라는 원칙이 약속된 각 재화나 용역의 맥락보다는 계약에서 약속된 재화나 용역 묶음이라는 맥락 안에서 적용된다는 사실을 강조하였다. '별도로 식별될 수 있다'라는 원칙의 취지는 계약상 재화나 용역의 묶음을 이전하는 기업의 수행이 언제 고객에게 단일 약속을 이행하는지를 식별하는 것이다. 따라서 IASB와 FASB는 기업이 둘 이상의 약속된 각 재화나 용역이 계약상 서로 유의적으로 영향을 미치는지(따라서 상호의존도와 상호관련성이 매우 높음)를 판단해야 함을 강조하기 위하여 문구를 개정하였다. 또 IASB와 FASB는 그 요소들을 구조화한다면, 약속된 재화나 용역 묶음의 약속이 별도로 식별될 수 없는(따라서 단일 수행의무를 구성하는) 경우가 언제인지를 식별하는 것이 더 분명해질 수 있다고 결론지었다.

CHAPTER

5

재고자산

CHAPTER 5 재고자산

1 재고자산의 정의 및 측정

이 기준서에서 사용하는 용어의 정의는 다음과 같다.(6)

재고자산: 다음의 자산을 말함

(1) 통상적인 영업과정에서 판매를 위하여 보유중인 자산

(2) 통상적인 영업과정에서 판매를 위하여 생산중인 자산

(3) 생산이나 용역제공에 사용될 원재료나 소모품

순실현가능가치: 통상적인 영업과정의 예상 판매가격에서 예상되는 추가 완성원가와 판매비용을 차감한 금액

공정가치: 측정일에 시장참여자 사이의 정상거래에서 자산을 매도할 때 받거나 부채를 이전할 때 지급하게 될 가격.

순실현가능가치는 통상적인 영업과정에서 재고자산의 판매를 통해 실현할 것으로 기대하는 순매각금액을 말한다. 공정가치는 측정일에 재고자산의 주된 (또는 가장 유리한) 시장에서 시장참여자 사이에 일어날 수 있는 그 재고자산을 판매하는 정상거래의 가격을 반영한다. 전자는 기업특유가치이지만, 후자는 그러하지 아니하다. 재고자산의 순실현가능가치는 순공정가치와 일치하지 않을 수도 있다.(7)

재고자산은 외부에서 매입하여 재판매하기 위해 보유하는 상품, 토

지와 그 밖의 자산을 포함한다. 재고자산은 완제품이나 생산중인 재공품도 포함하며, 생산에 투입될 원재료와 소모품도 포함한다. 고객과의 계약을 이행하기 위해 생긴 원가로서 재고자산(또는 다른 기준서의 적용범위에 포함되는 자산)을 생기게 하지 않는 원가는 기업회계기준서 제1115호 '고객과의 계약에서 생기는 수익'에 따라 회계처리한다.(8)

재고자산은 취득원가와 순실현가능가치 중 낮은 금액으로 측정한다.(9)

재고자산의 취득원가는 매입원가, 전환원가 및 재고자산을 현재의 장소에 현재의 상태로 이르게 하는 데 발생한 기타 원가 모두를 포함한다.(10)

재고자산의 매입원가는 매입가격에 수입관세와 제세금(과세당국으로부터 추후 환급받을 수 있는 금액은 제외), 매입운임, 하역료 그리고 완제품, 원재료 및 용역의 취득과정에 직접 관련된 기타 원가를 가산한 금액이다. 매입할인, 리베이트 및 기타 유사한 항목은 매입원가를 결정할 때 차감한다.(11)

기타 원가는 재고자산을 현재의 장소에 현재의 상태로 이르게 하는 데 발생한 범위내에서만 취득원가에 포함된다. 예를 들어 특정한 고객을 위한 비제조 간접원가 또는 제품 디자인원가를 재고자산의 원가에 포함하는 것이 적절할 수도 있다.(15)

재고자산의 취득원가에 포함할 수 없으며 발생기간의 비용으로 인식하여야 하는 원가의 예는 다음과 같다.(16)

(1) 재료원가, 노무원가 및 기타 제조원가 중 비정상적으로 낭비된 부분

(2) 후속 생산단계에 투입하기 전에 보관이 필요한 경우 이외의 보관원가

(3) 재고자산을 현재의 장소에 현재의 상태로 이르게 하는데 기여하지 않은 관리간접원가

(4) 판매원가

2 단위원가 결정방법

통상적으로 상호 교환될 수 없는 재고자산항목의 원가와 특정 프로젝트별로 생산되고 분리되는 재화 또는 용역의 원가는 개별법을 사용하여 결정한다.(23)

개별법은 식별되는 재고자산별로 특정한 원가를 부과하는 방법이다. 이 방법은 외부 매입이나 자가제조를 불문하고, 특정 프로젝트를 위해 분리된 항목에 적절한 방법이다. 그러나 통상적으로 상호교환 가능한 대량의 재고자산 항목에 개별법을 적용하는 것은 적절하지 아니하다. 그러한 경우에는 기말 재고로 남아있는 항목을 선택하는 방식을 이용하여 손익을 자의적으로 조정할 수도 있기 때문이다.(24)

문단 23이 적용되지 않는 재고자산의 단위원가는 선입선출법이나 가중평균법을 사용하여 결정한다. 성격과 용도 면에서 유사한 재고자산에는 동일한 단위원가 결정방법을 적용하여야 하며, 성격이나 용도 면에서 차이가 있는 재고자산에는 서로 다른 단위원가 결정방법을 적용할 수 있다.(25)

선입선출법은 먼저 매입 또는 생산된 재고자산이 먼저 판매되고 결과적으로 기말에 재고로 남아 있는 항목은 가장 최근에 매입 또는 생산된 항목이라고 가정하는 방법이다. 가중평균법은 기초 재고자산과

회계기간 중에 매입 또는 생산된 재고자산의 원가를 가중평균하여 재고항목의 단위원가를 결정하는 방법이다. 이 경우 평균은 기업의 상황에 따라 주기적으로 계산하거나 매입 또는 생산할 때마다 계산할 수 있다.(27)

3 저가법

다음의 경우에는 재고자산의 원가를 회수하기 어려울 수 있다.(28)

(1) 물리적으로 손상된 경우

(2) 완전히 또는 부분적으로 진부화 된 경우

(3) 판매가격이 하락한 경우

(4) 완성하거나 판매하는 데 필요한 원가가 상승한 경우

재고자산을 취득원가 이하의 순실현가능가치로 감액하는 저가법은 자산의 장부금액이 판매나 사용으로부터 실현될 것으로 기대되는 금액을 초과하여서는 아니 된다는 견해와 일관성이 있다.

재고자산을 순실현가능가치로 감액하는 저가법은 항목별로 적용한다. 그러나 경우에 따라서는 서로 비슷하거나 관련된 항목들을 통합하여 적용하는 것이 적절할 수 있다. 이러한 경우로는 재고자산 항목이 비슷한 목적 또는 최종 용도를 갖는 같은 제품군과 관련되고, 같은 지역에서 생산되어 판매되며, 실무적으로 그 제품군에 속하는 다른 항목과 구분하여 평가할 수 없는 경우를 들 수 있다. 그러나 재고자산의 분류(예: 완제품)나 특정 영업부문에 속하는 모든 재고자산에 기초하여 저가법을 적용하는 것은 적절하지 않다.(29)

순실현가능가치를 추정할 때에는 재고자산으로부터 실현가능한 금액에 대하여 추정일 현재 사용가능한 가장 신뢰성 있는 증거에 기초하

여야 한다. 또한 보고기간 후 사건이 보고기간말 존재하는 상황에 대하여 확인하여주는 경우에는, 그 사건과 직접 관련된 가격이나 원가의 변동을 고려하여 추정하여야 한다.(30)

매 후속기간에 순실현가능가치를 재평가한다. 재고자산의 감액을 초래했던 상황이 해소되거나 경제상황의 변동으로 순실현가능가치가 상승한 명백한 증거가 있는 경우에는 최초의 장부금액을 초과하지 않는 범위 내에서 평가손실을 환입한다. 그 결과 새로운 장부금액은 취득원가와 수정된 순실현가능가치 중 작은 금액이 된다. 판매가격의 하락 때문에 순실현가능가치로 감액한 재고항목을 후속기간에 계속 보유하던 중 판매가격이 상승한 경우가 이에 해당한다.(33)

재고자산의 판매시, 관련된 수익을 인식하는 기간에 재고자산의 장부금액을 비용으로 인식한다. 재고자산을 순실현가능가치로 감액한 평가손실과 모든 감모손실은 감액이나 감모가 발생한 기간에 비용으로 인식한다. 순실현가능가치의 상승으로 인한 재고자산 평가손실의 환입은 환입이 발생한 기간의 비용으로 인식된 재고자산 금액의 차감액으로 인식한다.(34)

〈출처: K-IFRS 제1002호 재고자산〉

* 괄호안의 숫자는 기준서 문단번호를 나타냄

01 (주)감평의 기말재고자산에 포함시켜야 할 항목을 모두 고른 것은?

〈2021 감정평가사〉

ㄱ. 창고가 작아 기말 현재 외부에 보관중인 (주)감평의 원재료
ㄴ. (주)감평이 FOB 선적지 인도조건으로 판매하였으나 기말 현재 도착하지 않은 상품
ㄷ. (주)감평이 고객에게 인도하고 기말 현재 고객이 사용의사를 표시한 시용품
ㄹ. (주)감평이 FOB 도착지 인도조건으로 매입하였으나 기말 현재 도착하지 않은 상품

① ㄱ
② ㄷ
③ ㄱ, ㄴ
④ ㄴ, ㄹ
⑤ ㄷ, ㄹ

해설

① ㄱ

ㄴ. (주)감평이 FOB 선적지 인도조건으로 판매하였으나 기말 현재 도착하지 않은 상품 ⇒ 구매자의 재고자산
ㄷ. (주)감평이 고객에게 인도하고 기말 현재 고객이 사용의사를 표시한 시용품 ⇒ 고객의 재고자산
ㄹ. (주)감평이 FOB 도착지 인도조건으로 매입하였으나 기말 현재 도착하지 않은 상품 ⇒ 판매자의 재고자산

02

(주)감평의 20×1년도 상품 매입과 관련된 자료이다. 20×1년도 상품 매입원가는? (단, (주)감평은 부가가치세 과세업자이며, 부가가치세는 환급대상에 속하는 매입세액이다.) 〈2021 감정평가사〉

항목	금액	비고
당기매입	₩110,000	부가가치세 ₩10,000 포함
매입운임	10,000	
하역료	5,000	
매입할인	5,000	
리베이트	2,000	
보관료	3,000	후속 생산단계에 투입하기 전에 보관이 필요한 경우가 아님
관세납부금	500	

① ₩108,500
② ₩110,300
③ ₩110,500
④ ₩113,500
⑤ ₩123,500

해설

① ₩108,500

상품 매입원가 = 100,000 + 10,000 + 5,000 − 5,000 − 2,000 + 500
= 108,500

03 **공기청정기를 위탁판매하고 있는 (주)감평은 20×1년 초 공기청정기 10대(대당 판매가격 ₩1,000, 대당 원가 ₩700)를 (주)한국에 적송하였으며, 운송업체에 총운송비용 ₩100을 현금으로 지급하였다. (주)한국은 위탁받은 공기청정기 10대 중 7대를 20×1년에 판매하였다. 20×1년 위탁판매와 관련하여 (주)감평이 인식할 매출원가는?**

〈2021 감정평가사〉

① ₩4,970
② ₩5,700
③ ₩7,070
④ ₩8,100
⑤ ₩10,100

해설

① ₩4,970

적송품 (@700 × 10대 = 7,000) + 100 = 7,100

매출원가 7,100 × 7대/10대 = 4,970

04

상품매매기업인 (주)감평은 계속기록법과 실지재고조사법을 병행하고 있다. (주)감평의 20×1년 기초재고는 ₩10,000(단가 ₩100)이고, 당기매입액은 ₩30,000(단가 ₩100), 20×1년 말 현재 장부상 재고수량은 70개이다. (주)감평이 보유하고 있는 재고자산은 진부화로 인해 단위당 순실현가능가치가 ₩80으로 하락하였다. (주)감평이 포괄손익계산서에 매출원가로 ₩36,000을 인식하였다면, (주)감평의 20×1년 말 현재 실제재고수량은? (단, 재고자산감모손실과 재고자산평가손실은 모두 매출원가에 포함한다.) 〈2020 감정평가사〉

① 40개
② 50개
③ 65개
④ 70개
⑤ 80개

해설

② 50개

기초재고	10,000	@100 × 100개
+당기매입	30,000	@100 × 300개
=판매가능액	40,000	@100 × 400개
−기말재고(장부상)	(7,000)	@100 × 70개
매출원가	33,000	

포괄손익계산서 매출원가 36,000 = 33,000 + 3,000(감모손실 + 평가손실)

장부상 기말재고 7,000 − 실지 기말재고 4,000 = 3,000(감모손실 + 평가손실)

실지 기말재고 4,000 = 기말재고 순실현가능가치 80 × 실지 재고수량

따라서 실지 재고수량 = 50개

05 **다음은 20×1년 설립된 (주)감평의 재고자산(상품) 관련 자료이다.**

- 당기매입액: ₩2,000,000
- 취득원가로 파악한 장부상 기말재고액: ₩250,000

기말상품	실지재고	단위당 원가	단위당 순실현가능가치
A	800개	₩100	₩120
B	250개	180	150
C	400개	250	200

(주)감평의 20×1년 재고자산감모손실은? (단, 재고자산평가손실과 재고자산감모손실은 매출원가에 포함한다.) 〈2020 감정평가사〉

① ₩0
② ₩9,000
③ ₩25,000
④ ₩27,500
⑤ ₩52,500

해설

③ ₩25,000

기말 상품	실지재고	단위당 원가	취득원가 실사 기말재고	단위당 순실현가능가치	순실현가능가치 실사 기말재고
A	800개	₩100	80,000	₩120	80,000
B	250개	180	45,000	150	37,500
C	400개	250	100,000	200	80,000
합계			225,000		197,500

취득원가 장부상 기말재고	250,000
취득원가 실사 기말재고	(225,000)
재고자산 감모손실(수량부족)	25,000
취득원가 실사 기말재고	225,000
순실현가능가치 실사 기말재고	(197,500)
재고자산 평가손실(가치하락)	27,500

06

(주)관세는 재고자산에 대해 계속기록법과 가중평균법을 적용한다. 다음 자료를 이용하여 계산한 (주)관세의 매출원가는? 〈2021 관세사〉

일자	내역	수량	단가
1월 1일	기초재고	150개	₩10
2월 1일	매입	150개	₩12
3월 1일	매출	100개	
6월 1일	매입	200개	₩15
9월 1일	매출	300개	
12월 31일	기말재고	100개	

① ₩3,670
② ₩4,000
③ ₩4,670
④ ₩5,000
⑤ ₩5,670

해설

④ ₩5,000

$$3.1.\ 매출원가 = \frac{(150개 \times @10) + (150개 \times @12)}{300개} = @11$$

100개 × @11 = 1,100

$$9.1.\ 매출원가 = \frac{(200개 \times @11) + (200개 \times @15)}{400개} = @13$$

300개 × @13 = 3,900

매출원가 = 1,100 + 3,900 = 5,000

07 다음은 (주)관세의 20×1년 기말상품과 관련된 자료이다. (주)관세는 재고자산감모손실과 재고자산평가손실(환입)을 매출원가에서 조정한다. 재고자산평가충당금 기초잔액이 ₩100 존재할 때, 20×1년 재고자산감모손실과 재고자산평가손실(환입)이 매출원가에 미치는 순영향은? 〈2021 관세사〉

장부재고	실지재고	단위당 원가	단위당 순실현가능가치
200개	180개	₩10	₩9

① ₩80 증가
② ₩100 증가
③ ₩180 증가
④ ₩280 증가
⑤ ₩380 증가

해설

④ ₩280 증가

재고자산감모손실 = (200개 - 180개) × @10 = 200(매출원가에 가산)

재고자산평가충당금 = 180개 × (@10 - @9) = 180

재고자산평가충당금 기초 잔액 100이 존재하므로 추가 재고자산평가충당금은 80이 필요함. 따라서 다음과 같이 분개

차)	재고자산평가손실(매출원가)	80	대)	재고자산평가충당금	80

08

12월 1일 화재로 인하여 창고에 남아있던 (주)관세의 재고자산이 전부 소실되었다. (주)관세는 모든 매입과 매출을 외상으로 하고 있으며 이용 가능한 자료는 다음과 같다. 매출총이익률이 30%라고 가정할 때 화재로 인한 추정재고손실액은? 〈2021 관세사〉

(1) 기초 재고자산: ₩1,000
(2) 기초 매출채권: ₩3,000
    12월 1일 매출채권: ₩2,000
(3) 기초부터 12월 1일까지 거래
- 매입액: ₩80,000(FOB 선적지인도조건으로 매입하여 12월 1일 현재 운송 중인 상품 ₩100 포함)
- 매출채권 현금 회수액: ₩100,000
- 매출할인: ₩200

① ₩11,600
② ₩12,600
③ ₩13,600
④ ₩51,200
⑤ ₩52,200

해설

① ₩11,600

재고자산

기초	1,000	매출원가	69,300
매입	80,000	12/1	100+(X=11,600)
	81,000		81,000

매출채권

기초	3,000	현금	100,000
매출	200	매출할인	200
매출	99,000	12/1	2,000
	102,200		102,200

매출 99,000 - 매출원가(70%) 69,300 = 매출총이익(30%) 29,700

09 재고자산의 취득원가에 포함하는 것은? 〈2021 관세사〉

① 재료원가, 노무원가 및 기타 제조원가 중 비정상적으로 낭비된 부분
② 후속 생산단계에 투입하기 전에 보관이 필요한 경우 이외의 보관원가
③ 적격자산에 해당하는 재고자산의 제조에 직접 관련된 차입원가
④ 취득과정에 직접 관련되어 있으며 과세당국으로부터 추후 환급받을 수 있는 제세금
⑤ 재고자산을 현재의 장소에 현재의 상태로 이르게 하는 데 기여하지 않은 관리간접원가

해설

③ 적격자산에 해당하는 재고자산의 제조에 직접 관련된 차입원가

당기비용 : ①, ②, ⑤

재고자산 취득원가에서 차감 : ④

10 재고자산의 저가법 평가에 관한 설명으로 옳지 않은 것은?

〈2020 관세사〉

① 재고자산은 취득원가와 순실현가능가치 중 낮은 금액으로 측정한다.
② 저가법은 항목별로 적용하되, 경우에 따라서는 재고자산의 분류나 특정영업부문에 속하는 모든 재고자산에 기초하여 저가법을 적용하는 것도 적절하다.
③ 재고자산의 감액을 초래했던 상황이 해소되거나 경제상황의 변동으로 순실현가능가치가 상승한 명백한 증거가 있는 경우에는 최초의 장부금액을 초과하지 않는 범위 내에서 평가손실을 환입한다.
④ 재고자산을 순실현가능가치로 감액한 평가손실과 모든 감모손실은 감액이나 감모가 발생한 기간에 비용으로 인식한다.
⑤ 저가법은 자산의 장부금액이 판매나 사용으로부터 실현될 것으로 기대되는 금액을 초과하여서는 아니 된다는 견해와 일관성이 있다.

해설

② 저가법은 항목별로 적용하되, 경우에 따라서는 재고자산의 분류나 특정영업부문에 속하는 모든 재고자산에 기초하여 저가법을 적용하는 것도 적절하다.

[K-IFRS 제1002호 재고자산]

29 재고자산을 순실현가능가치로 감액하는 저가법은 항목별로 적용한다. 그러나 경우에 따라서는 서로 비슷하거나 관련된 항목들을 통합하여 적용하는 것이 적절할 수 있다. 이러한 경우로는 재고자산 항목이 비슷한 목적 또는 최종 용도를 갖는 같은 제품군과 관련되고, 같은 지역에서 생산되어 판매되며, 실무적으로 그 제품군에 속하는 다른 항목과 구분하여 평가할 수 없는 경우를 들 수 있다. 그러나 재고자산의 분류(예: 완제품)나 특정 영업부문에 속하는 모든 재고자산에 기초하여 저가법을 적용하는 것은 적절하지 않다.

11

(주)관세는 소매업을 영위하고 있으며, 20×1년 재고자산과 관련된 정보는 다음과 같다. 기초재고자산은 ₩2,000(단가 ₩20, 수량 100개)이다. 다음 설명 중 옳지 않은 것은? (단, 재고자산감모손실은 없다.) 〈2020 관세사〉

일자	매입		판매
	수량(개)	단가(₩)	수량(개)
1. 5.	200	30	
4. 3.	100	40	
4. 20.			300
5. 19.	100	50	
5. 20.			100

① 계속기록법을 사용하는 경우 이동평균법에 의한 기말재고자산은 ₩3,400이다.
② 실지재고조사법을 사용하는 경우 가중평균법에 의한 매출원가는 ₩13,600이다.
③ 실지재고조사법을 사용하는 경우 선입선출법에 의한 기말재고자산은 ₩5,000이다.
④ 판매가능원가는 ₩17,000이다.
⑤ 계속기록법을 사용하는 경우 선입선출법에 의한 매출원가는 ₩12,000이다.

해설

① 계속기록법을 사용하는 경우 이동평균법에 의한 기말재고자산은 ₩3,400이다.

[(100개×@20) + (200개×@30) + (100개×@40)] / 400개 = @30

4.20 매출원가 (300개×@30) = 9,000

[(100개×@30) + (100개×@50)] / 200개 = @40

5.20 매출원가 (100개×@40) = 4,000

기말재고자산 (100개×@40) = 4,000

12

(주)한국은 선입선출법에 의한 원가기준 소매재고법을 사용하고 있다. 기말재고액(원가)은 ₩1,600이고, 당기매입원가율이 80%인 경우 순인상액과 종업원할인은? 〈2021 7급〉

구분	원가	매가
기초재고	₩2,000	₩4,000
당기매입액	₩16,000	₩18,000
매출액		₩20,000
순인상액		㉠
순인하액		₩1,000
종업원할인		㉡

	순인상액(㉠)	종업원할인(㉡)
①	₩1,500	₩1,500
②	₩1,500	₩2,000
③	₩3,000	₩1,500
④	₩3,000	₩2,000

해설

④ ₩3,000 ₩2,000

$$\text{선입선출소매재고원가율} = \frac{16{,}000}{18{,}000 + \text{순인상} - \text{순인하 } 1{,}000} = 80\%$$

따라서 순인상 = 3,000

기말재고 원가 1,600 = 기말재고 매가 × 80%

따라서 기말재고 매가 = 2,000

판매가능액 22,000 − (매출 20,000 + 순인상 3,000 - 순인하 1,000 - 종업원할인) = 기말재고 매가 2,000

따라서 종업원할인 = 2,000

13 (주)한국의 기말 재고자산평가충당금은? 〈2020 7급〉

• 재고자산은 실지재고조사법과 총평균법 적용	
• 기말 재고자산 장부상 취득단가	₩85/개
• 기말 재고자산 현행대체원가	₩74/개
• 기말 재고자산 순실현가치	₩83/개
• 기말 재고자산(장부수량)	480개
• 기말 재고자산(실사수량)	476개
• 기초 재고자산평가충당금	₩0

① ₩0
② ₩340
③ ₩952
④ ₩5,236

해설

③ ₩952

실사수량 476개 × (취득단가 85 - 순실현가능가치 83) = 952

14

다음은 (주)한국의 20×1년 1월 1일부터 12월 31일까지 재고자산 관련 자료이다. 20×1년 (주)한국의 매출원가는? 〈2020 7급〉

- 기초 재고자산 ₩200,000
- 당기 매입액 ₩1,000,000
- 기말 재고자산 ₩100,000 (창고보관분 실사 금액)
- 미착상품 ₩60,000 (도착지 인도조건으로 매입하여 12월 31일 현재 운송 중)
- 적송품 ₩200,000 (이 중 12월 31일 현재 80% 판매 완료)
- 시송품 ₩60,000 (이 중 12월 31일 현재 고객이 매입의사표시를 한 금액 ₩20,000)

① ₩780,000
② ₩820,000
③ ₩920,000
④ ₩1,020,000

해설

④ ₩1,020,000

재고자산

			매출원가	1,020,000
기초	200,000	기말	적송품(200,000×20%)	40,000
		기말	시송품(매입의사 미표시분)	40,000
매입	1,000,000	기말	실사(창고보관)	100,000
	1,200,000			1,200,000

15 **(주)한국의 재고자산과 관련한 자료가 다음과 같을 때, 홍수로 소실된 상품의 추정원가는?** 〈2021 9급〉

- 20×1년 1월 1일 기초상품재고액은 ₩250,000이다.
- 20×1년 7월 31일 홍수가 발생하여 ₩150,000의 상품만 남고 모두 소실되었다.
- 20×1년 7월 31일까지 당기상품매입액은 ₩1,300,000이다.
- 20×1년 7월 31일까지 당기매출액은 ₩1,200,000이다.
- (주)한국의 매출총이익률은 20%이다.

① ₩200,000
② ₩260,000
③ ₩440,000
④ ₩590,000

해설

③ ₩440,000

상품

기초	250,000	매출원가	960,000
매입	1,300,000	기말	590,000
	1,550,000		1,550,000

매출 1,200,000 – 매출원가(80%) 960,000 = 매출총이익(20%) 240,000

장부상 기말상품 590,000 – 남은 상품 150,000 = 소실 상품 440,000

16 **(주)한국의 20×1년 기초재고자산은 ₩100,000, 당기매입액은 ₩200,000이다. (주)한국은 20×1년 12월 말 결산과정에서 재고자산 실사 결과 기말재고가 ₩110,000인 것으로 파악되었으며, 다음의 사항은 고려하지 못하였다. 이를 반영한 후 (주)한국의 20×1년 매출원가는?** 〈2021 9급〉

- 도착지 인도조건으로 매입한 상품 ₩20,000은 20×1년 12월 31일 현재 운송 중이며, 20×2년 1월 2일 도착예정이다.
- 20×1년 12월 31일 현재 시용판매를 위하여 고객에게 보낸 상품 ₩40,000(원가) 가운데 50%에 대하여 고객이 구매의사를 표시하였다.
- 20×1년 12월 31일 현재 (주)민국에 담보로 제공한 상품 ₩50,000은 창고에 보관 중이며, 재고자산 실사 시 이를 포함하였다.

① ₩170,000
② ₩180,000
③ ₩190,000
④ ₩220,000

해설

① ₩170,000

재고자산

기초	100,000	매출원가	170,000
		기말 ┌ 시송품(40,000×50%, 매입의사 미표시분)	20,000
매입	200,000	기말 └ 실사(창고보관)	110,000
	300,000		300,000

17 **다음은 도·소매 기업인 (주)한국의 상품과 관련된 자료이다. 정상적 원인에 의한 재고감모손실은 매출원가로, 비정상적 감모손실은 기타 비용으로 보고하는 경우 (주)한국이 당기에 인식해야 할 매출원가는? (단, 재고감모손실의 30%는 비정상적 원인, 나머지는 정상적 원인에 의해 발생되었다)** 〈2020 9급〉

기초상품재고액	₩100,000
당기상품매입액	₩900,000
기말상품재고액(장부금액)	₩220,000
기말상품재고액(실사금액)	₩200,000

① ₩766,000
② ₩786,000
③ ₩794,000
④ ₩800,000

해설

③ ₩794,000

상품

기초	100,000	매출원가	780,000
매입	900,000	기말	220,000
	1,000,000		1,000,000

기말상품재고액(장부금액)	220,000
−기말상품재고액(실사금액)	200,000
= 재고자산감모손실	20,000

정상재고자산감모손실(매출원가, 20,000×70%) 14,000
비정상재고자산감모손실(기타비용, 20,000×30%) 6,000

판매로 인한 매출원가 780,000 + 재고자산감모손실 중 정상 부분 14,000
= 매출원가 794,000

18

다음은 (주)한국의 20×1년 6월 중 재고자산의 매입 및 매출과 관련된 자료이다. 선입선출법과 가중평균법을 적용한 매출원가는? (단, 재고수량 결정은 실지재고조사법에 따른다) 〈2021 9급〉

구분	수량	X	단가	=	금액
기초재고(6월 1일)	12		₩ 100		₩1,200
당기매입:					
6월 10일	20		₩110		₩2,200
6월 15일	20		₩130		₩2,600
6월 26일	8		₩150		₩1,200
판매가능액	60				₩7,200
당기매출:					
6월 12일	24				
6월 25일	20				
기말재고(6월 30일)	16				

	선입선출법	가중평균법
①	₩4,960	₩5,014
②	₩4,960	₩5,280
③	₩5,560	₩5,014
④	₩5,560	₩5,280

해설

② ₩4,960 ₩5,280

선입선출법 기말재고 (8개×@150) + (8개×@130) = 1,200 + 1,040
= 2,240

선입선출법 매출원가 = 판매가능액 7,200 - 기말재고 2,240 = 4,960

가중평균법 단가 : 7,200 / 60개 = @120

가중평균법 기말재고 (16개×@120) = 1,920

가중평균법 매출원가 = 판매가능금액 7,200 - 기말재고 1,920 = 5,280

19 **다음은 (주)한국의 재고자산 관련 자료로서 재고자산감모손실은 장부상 수량과 실지재고 수량과의 차이에 의해 발생한다. 기말상품의 실지재고 수량은?** 〈2020 9급〉

• 기초상품재고액	₩120,000
• 당기매입액	₩900,000
• 장부상 기말상품재고액(단위당 원가 ₩1,000)	₩200,000
• 재고자산감모손실	₩30,000

① 100개
② 140개
③ 170개
④ 200개

해설

③ 170개

장부상 기말상품재고액 200,000 = 200개×@1,000

재고자산감모손실 30,000 = (장부상 수량 200개 - 실사 수량) ×@1,000

따라서 실사 수량 = 170개

20 **(주)한국의 20×1년 재고자산 관련 자료는 다음과 같다.**

구분	원가	매가
기초재고	₩20,000	₩40,000
당기매입액	280,000	460,000

20×1년 매출액이 ₩420,000인 경우 평균원가소매재고법에 의한 기말재고자산의 원가는? 〈2021 경영지도사〉

① ₩40,000
② ₩40,800
③ ₩48,000
④ ₩48,800
⑤ ₩50,200

해설

③ ₩48,000

구분	원가	매가	
기초재고	₩20,000	₩40,000	
당기매입액	280,000	460,000	
판매가능금액	300,000	500,000	원가율=300,000/500,000=60%
매출		420,000	
기말재고		80,000	매가 80,000×원가율 60%=48,000

21 기말 재고자산에 포함되지 않는 것은? 〈2020 경영지도사〉

① 장기로 할부판매한 상품
② 위탁판매를 위하여 발송한 상품 중 수탁자가 창고에 보관중인 적송품
③ 고객이 매입의사를 표시하지 않은 시용판매 상품
④ 선적지인도조건으로 매입한 상품 중 기말 현재 운송중인 상품
⑤ 도착지인도조건으로 매출한 상품 중 기말 현재 운송중인 상품

해설

① 장기로 할부판매한 상품

장기로 할부판매한 상품은 재화를 인도한 시점에 매출로 인식하므로 기말 재고자산에 포함되지 않는다.

22 (주)한국의 20×1년 말 상품과 관련된 자료가 다음과 같을 때, 20×1년 말 상품의 장부 금액은? 〈2020 경영지도사〉

• 장부수량: 50개	• 실지재고수량: 48개
• 단위당 취득원가: ₩100	• 단위당 순실현가능가치: ₩90
• 감모분 중 50%는 정상감모	

① ₩4,320
② ₩4,410
③ ₩4,500
④ ₩4,800
⑤ ₩5,000

해설

① ₩4,320

실지 재고수량 48개 × @90 = 4,320

CHAPTER

6

유형자산 및 무형자산

CHAPTER 6 유형자산 및 무형자산

1 정의 및 인식

이 기준서에서 사용하는 용어의 뜻은 다음과 같다.(6)

감가상각: 자산의 감가상각대상금액을 그 자산의 내용연수에 걸쳐 체계적으로 배분하는 것

감가상각대상금액: 자산의 원가에서 잔존가치를 뺀 금액이나 원가를 대체한 다른 금액에서 잔존가치를 뺀 금액

공정가치: 측정일에 시장참여자 사이의 정상거래에서 자산을 매도할 때 받거나 부채를 이전할 때 지급하게 될 가격

기업특유가치: 자산의 계속적 사용으로부터 그리고 내용연수 종료시점에 처분으로부터 또는 부채의 결제로부터 발생할 것으로 기대되는 현금흐름의 현재가치

내용연수: 기업이 자산을 사용할 수 있을 것으로 예상하는 기간이나 자산에서 얻을 것으로 예상하는 생산량 또는 이와 비슷한 단위 수량

손상차손: 자산의 장부금액이 회수가능액을 초과하는 금액

원가: 자산을 취득하기 위하여 자산의 취득시점이나 건설시점에서 지급한 현금 또는 현금성자산이나 제공한 기타 대가의 공정가치. 경

우에 따라서 기업회계기준서 제1102호 '주식기준보상'과 같은 다른 한국채택국제회계기준서의 규정에 따라 최초 인식시점에 자산으로 귀속시킨 금액

유형자산: 재화나 용역의 생산이나 제공, 타인에 대한 임대 또는 관리활동에 사용할 목적으로 보유하는 물리적 형태가 있는 자산으로서 한 회계기간을 초과하여 사용할 것이 예상되는 자산

잔존가치: 자산이 이미 오래되어 내용연수 종료시점에 도달하였다는 가정하에 자산의 처분으로부터 현재 획득할 금액에서 추정 처분부대원가를 차감한 금액의 추정치

장부금액: 감가상각누계액과 손상차손누계액을 뺀 후에 인식되는 자산 금액

회수가능액: 자산의 순공정가치와 사용가치 중 더 많은 금액

유형자산으로 인식되기 위해서는 다음의 인식기준을 모두 충족하여야 한다.(7)

(1) 자산으로부터 발생하는 미래경제적효익이 기업에 유입될 가능성이 높다.

(2) 자산의 원가를 신뢰성 있게 측정할 수 있다.

2 유형자산의 취득원가

인식하는 유형자산은 원가로 측정한다.(15)

유형자산의 원가는 다음과 같이 구성된다.(16)

(1) 관세 및 환급불가능한 취득 관련 세금을 가산하고 매입할인과 리베이트 등을 차감한 구입가격

(2) 경영진이 의도하는 방식으로 자산을 가동하는 데 필요한 장소와 상태에 이르게 하는 데 직접 관련되는 원가

(3) 자산을 해체, 제거하거나 부지를 복구하는 데 소요될 것으로 최초에 추정되는 원가. 회사가 자산을 해체, 제거하거나 부지를 복구할 의무는 해당 유형자산을 취득한 시점에 또는 해당 유형자산을 특정기간 동안 재고자산 생산 이외의 목적으로 사용한 결과로서 발생한다.

경영진이 의도하는 방식으로 자산을 가동하는 데 필요한 장소와 상태에 이르게 하는 데 직접 관련되는 원가의 예는 다음과 같다.(17)

(1) 유형자산의 매입 또는 건설과 직접적으로 관련되어 발생한 종업원급여

(2) 설치장소 준비 원가

(3) 최초의 운송 및 취급 관련 원가

(4) 설치원가 및 조립원가

(5) 유형자산이 정상적으로 작동되는지 여부를 시험하는 과정에서 발생하는 원가. 단, 시험과정에서 생산된 재화(예: 장비의 시험과정에서 생산된 시제품)의 순매각금액은 당해 원가에서 차감한다.

(6) 전문가에게 지급하는 수수료

특정기간 동안 재고자산을 생산하기 위해 유형자산을 사용한 결과로 동 기간에 발생한 그 유형자산을 해체, 제거하거나 부지를 복구할 의무의 원가에 대해서는 기업회계기준서 제1002호 '재고자산'을 적용한다. 기업회계기준서 제1002호나 기업회계기준서 제1016호에 따라 회

계처리하는 이러한 원가와 관련된 의무는 기업회계기준서 제1037호 '충당부채, 우발부채, 우발자산'에 따라 인식하고 측정한다.(18)

유형자산의 원가가 아닌 예는 다음과 같다.(19)

(1) 새로운 시설을 개설하는 데 소요되는 원가

(2) 새로운 상품과 서비스를 소개하는 데 소요되는 원가(예: 광고 및 판촉활동과 관련된 원가)

(3) 새로운 지역에서 또는 새로운 고객층을 대상으로 영업을 하는 데 소요되는 원가(예: 직원 교육훈련비)

(4) 관리 및 기타 일반간접원가

유형자산이 경영진이 의도하는 방식으로 가동될 수 있는 장소와 상태에 이른 후에는 원가를 더 이상 인식하지 않는다. 따라서 유형자산을 사용하거나 이전하는 과정에서 발생하는 원가는 당해 유형자산의 장부금액에 포함하여 인식하지 아니한다. 예를 들어 다음과 같은 원가는 유형자산의 장부금액에 포함하지 아니한다.(20)

(1) 유형자산이 경영진이 의도하는 방식으로 가동될 수 있으나 아직 실제로 사용되지는 않고 있는 경우 또는 가동수준이 완전조업도 수준에 미치지 못하는 경우에 발생하는 원가

(2) 유형자산과 관련된 산출물에 대한 수요가 형성되는 과정에서 발생하는 가동손실과 같은 초기 가동손실

(3) 기업의 영업 전부 또는 일부를 재배치하거나 재편성하는 과정에서 발생하는 원가

유형자산의 원가는 인식시점의 현금가격상당액이다. 대금지급이 일반적인 신용기간을 초과하여 이연되는 경우, 현금가격상당액과 실제 총지급액과의 차액은 기업회계기준서 제1023호에 따라 자본화하지

않는 한 신용기간에 걸쳐 이자로 인식한다.(23)

유형자산의 장부금액은 기업회계기준서 제1020호 '정부보조금의 회계처리와 정부지원의 공시'에 따라 정부보조금만큼 차감될 수 있다.(28)

안전 또는 환경상의 이유로 취득하는 유형자산은 그 자체로는 직접적인 미래경제적효익을 얻을 수 없지만, 다른 자산에서 미래경제적효익을 얻기 위하여 필요할 수 있다. 이러한 유형자산은 당해 유형자산을 취득하지 않았을 경우보다 관련 자산으로부터 미래경제적효익을 더 많이 얻을 수 있게 해주기 때문에 자산으로 인식할 수 있다. 예를 들면, 화학제품 제조업체가 위험한 화학물질의 생산과 저장에 관한 환경규제요건을 충족하기 위하여 새로운 화학처리공정설비를 설치하는 경우가 있다. 이때 이러한 설비 없이는 화학제품을 제조 및 판매할 수 없기 때문에 관련증설원가를 자산으로 인식한다. 그러나 이러한 자산 및 관련 자산의 장부금액에 대하여 기업회계기준서 제1036호 '자산손상'에 따라 손상차손을 인식할 필요가 있는지를 검토한다.(11)

3 보유기간 중 지출

문단 7에서 정하고 있는 인식원칙에 따르면, 일상적인 수선·유지와 관련하여 발생하는 원가는 해당 유형자산의 장부금액에 포함하여 인식하지 아니한다. 이러한 원가는 발생시점에 당기손익으로 인식한다. 일상적인 수선·유지과정에서 발생하는 원가는 주로 노무비와 소모품비로 구성되며 사소한 부품원가가 포함될 수도 있다. 이러한 지출의 목적은 보통 유형자산의 '수선과 유지'로 설명된다.(12)

일부 유형자산의 경우 주요 부품이나 구성요소의 정기적 교체가 필요할 수 있다. 예를 들면, 용광로의 경우 일정시간 사용 후에 내화벽돌의 교체가 필요할 수 있으며, 항공기의 경우에도 좌석과 취사실 등의 내부설비를 항공기 동체의 내용연수 동안 여러 번 교체할 필요가 있을 수 있다. 또한 유형자산이 취득된 후 반복적이지만 비교적 적은 빈도로 대체(예: 건물 인테리어 벽 대체)되거나 비반복적으로 대체되는 경우도 있다. 문단 7의 인식원칙하에서, 유형자산의 일부를 대체할 때 발생하는 원가가 인식기준을 충족하는 경우에는 이를 해당 유형자산의 장부금액에 포함하여 인식한다. 대체되는 부분의 장부금액은 이 기준서의 제거 규정에 따라 제거한다.(13)

항공기와 같은 유형자산을 계속적으로 가동하기 위해서는 당해 유형자산의 일부가 대체되는지 여부와 관계없이 결함에 대한 정기적인 종합검사가 필요할 수 있다. 정기적인 종합검사과정에서 발생하는 원가가 인식기준을 충족하는 경우에는 유형자산의 일부가 대체되는 것으로 보아 해당 유형자산의 장부금액에 포함하여 인식한다.(14)

4 유형자산의 감가상각

유형자산을 구성하는 일부의 원가가 당해 유형자산의 전체원가에 비교하여 유의적이라면, 해당 유형자산을 감가상각할 때 그 부분은 별도로 구분하여 감가상각한다.(43)

유형자산의 원가는 그 유형자산을 구성하고 있는 유의적인 부분에 배분하여 각 부분별로 감가상각한다. 예를 들면, 항공기 동체와 엔진을 별도로 구분하여 감가상각하는 것이 적절할 수 있다. 또 기업이 리스제공자로서 운용리스 대상 유형자산을 취득하는 경우, 시장조건과 비교하여 상대적으로 유리하거나 불리한 조건에서 기인하는 금액이 그 항목의 원가에 반영되어 있다면 이를 별도로 감가상각하는 것이 적절할 것이다.(44)

각 기간의 감가상각액은 일반적으로 당기손익으로 인식한다. 그러나 유형자산에 내재된 미래경제적효익이 다른 자산을 생산하는 데 사용되는 경우도 있다. 이 경우 유형자산의 감가상각액은 해당 자산의 원가의 일부가 된다. 예를 들어 제조설비의 감가상각액은 재고자산의 가공원가로서 제조원가를 구성하고, 개발활동에 사용되는 유형자산의 감가상각액은 기업회계기준서 제1038호 '무형자산'에 따라 해당 무형자산의 원가에 포함될 수 있다.(49)

유형자산의 감가상각대상금액은 내용연수에 걸쳐 체계적인 방법으로 배분한다.(50)

유형자산의 잔존가치와 내용연수는 적어도 매 회계연도말에 재검토한다. 재검토결과 추정치가 종전 추정치와 다르다면 그 차이는 기업회계기준서 제1008호 '회계정책, 회계추정의 변경 및 오류'에 따라 회계추정의 변경으로 회계처리한다.(51)

감가상각대상금액은 유형자산의 원가에서 잔존가치를 차감한 금액이다. 실무적으로 잔존가치는 경미한 경우가 많으므로 감가상각대상금액을 계산할 때 중요하게 다루어지지 않는다.(53)

유형자산의 감가상각은 자산이 사용가능한 때부터 시작한다. 즉, 경영진이 의도하는 방식으로 자산을 가동하는 데 필요한 장소와 상태에 이른 때부터 시작한다. 감가상각은 기업회계기준서 제1105호에 따라 자산이 매각예정자산으로 분류되는(또는 매각예정으로 분류되는 처분자산집단에 포함되는) 날과 자산이 제거되는 날 중 이른 날에 중지한다. 따라서 유형자산이 운휴 중이거나 적극적인 사용상태가 아니어도, 감가상각이 완전히 이루어지기 전까지는 감가상각을 중단하지 않는다. 그러나 유형자산의 사용정도에 따라 감가상각을 하는 경우에는 생산활동이 이루어지지 않을 때 감가상각액을 인식하지 않

을 수 있다.(55)

유형자산의 내용연수는 자산으로부터 기대되는 효용에 따라 결정된다. 유형자산은 기업의 자산관리정책에 따라 특정기간이 경과되거나 자산에 내재하는 미래경제적효익의 특정부분이 소비되면 처분할 수 있다. 이 경우 내용연수는 일반적 상황에서의 경제적 내용연수보다 짧을 수 있으므로 유사한 자산에 대한 기업의 경험에 비추어 해당 유형자산의 내용연수를 추정하여야 한다.(57)

유형자산의 감가상각방법은 자산의 미래경제적효익이 소비될 것으로 예상되는 형태를 반영한다.(60)

유형자산의 감가상각방법은 적어도 매 회계연도 말에 재검토한다. 자산에 내재된 미래경제적효익의 예상되는 소비형태가 유의적으로 달라졌다면, 달라진 소비형태를 반영하기 위하여 감가상각방법을 변경한다. 그러한 변경은 기업회계기준서 제1008호에 따라 회계추정의 변경으로 회계처리한다.(61)

유형자산의 감가상각대상금액을 내용연수 동안 체계적으로 배부하기 위해 다양한 방법을 사용할 수 있다. 이러한 감가상각방법에는 정액법, 체감잔액법과 생산량비례법이 있다. 정액법은 잔존가치가 변동하지 않는다고 가정할 때 자산의 내용연수 동안 매 기간 일정액의 감가상각액을 계상하는 방법이다. 체감잔액법은 자산의 내용연수 동안 감가상각액이 매 기간 감소하는 방법이다. 생산량비례법은 자산의 예상조업도 또는 예상생산량에 기초하여 감가상각액을 계상하는 방법이다. 감가상각방법은 해당 자산에 내재되어 있는 미래경제적효익의 예상 소비형태를 가장 잘 반영하는 방법을 선택하고, 예상 소비형태가 달라지지 않는 한 매 회계기간에 일관성 있게 적용한다.(62)

5 유형자산의 후속측정

기업은 문단 30의 원가모형이나 문단 31의 재평가모형 중 하나를 회계정책으로 선택하여 유형자산의 유형별로 동일하게 적용한다.(29)

(원가모형) 최초 인식 후에 유형자산은 원가에서 감가상각누계액과 손상차손누계액을 차감한 금액을 장부금액으로 한다.(30)

(재평가모형) 최초 인식 후에 공정가치를 신뢰성 있게 측정할 수 있는 유형자산은 재평가일의 공정가치에서 이후의 감가상각누계액과 손상차손누계액을 차감한 재평가금액을 장부금액으로 한다. 재평가는 보고기간말에 자산의 장부금액이 공정가치와 중요하게 차이가 나지 않도록 주기적으로 수행한다.(31)

재평가의 빈도는 재평가되는 유형자산의 공정가치 변동에 따라 달라진다. 재평가된 자산의 공정가치가 장부금액과 중요하게 차이가 나는 경우에는 추가적인 재평가가 필요하다. 유의적이고 급격한 공정가치의 변동 때문에 매년 재평가가 필요한 유형자산이 있는 반면에 공정가치의 변동이 경미하여 빈번한 재평가가 필요하지 않은 유형자산도 있다. 즉, 매 3년이나 5년마다 재평가하는 것으로 충분한 유형자산도 있다.(34)

특정 유형자산을 재평가할 때, 해당 자산이 포함되는 유형자산의 유형 전체를 재평가한다.(36)

유형자산별로 선택적 재평가를 하거나 서로 다른 기준일의 평가금액이 혼재된 재무보고를 하는 것을 방지하기 위하여 동일한 유형 내의 유형자산은 동시에 재평가한다. 그러나 재평가가 단기간에 수행되며 계속적으로 갱신된다면, 동일한 유형에 속하는 자산을 순차적으로

재평가할 수 있다.(38)

자산의 장부금액이 재평가로 인하여 증가된 경우에 그 증가액은 기타포괄손익으로 인식하고 재평가잉여금의 과목으로 자본에 가산한다. 그러나 동일한 자산에 대하여 이전에 당기손익으로 인식한 재평가감소액이 있다면 그 금액을 한도로 재평가증가액만큼 당기손익으로 인식한다.(39)

자산의 장부금액이 재평가로 인하여 감소된 경우에 그 감소액은 당기손익으로 인식한다. 그러나 그 자산에 대한 재평가잉여금의 잔액이 있다면 그 금액을 한도로 재평가감소액을 기타포괄손익으로 인식한다. 재평가감소액을 기타포괄손익으로 인식하는 경우 재평가잉여금의 과목으로 자본에 누계한 금액을 감소시킨다.(40)

어떤 유형자산 항목과 관련하여 자본에 계상된 재평가잉여금은 그 자산이 제거될 때 이익잉여금으로 직접 대체할 수 있다. 자산이 폐기되거나 처분될 때에 재평가잉여금 전부를 이익잉여금으로 대체하는 것이 그러한 경우에 해당될 수 있다. 그러나 기업이 그 자산을 사용함에 따라 재평가잉여금의 일부를 대체할 수도 있다. 이러한 경우 재평가된 금액에 근거한 감가상각액과 최초원가에 근거한 감가상각액의 차이가 이익잉여금으로 대체되는 금액이 될 것이다. 재평가잉여금을 이익잉여금으로 대체하는 경우 그 금액은 당기손익으로 인식하지 않는다.(41)

6 유형자산의 제거

유형자산의 장부금액은 다음과 같은 때에 제거한다.(67)

(1) 처분하는 때

(2) 사용이나 처분을 통하여 미래경제적효익이 기대되지 않을 때

유형자산의 제거로 생기는 손익은 자산을 제거할 때 당기손익으로 인식한다.(68)

유형자산의 제거로 인하여 발생하는 손익은 순매각금액과 장부금액의 차이로 결정한다.(71)

7 정부보조금 지원에 의한 취득

이 기준서에서 사용되는 용어의 정의는 다음과 같다.(3)

(정부보조금) 기업의 영업활동과 관련하여 과거나 미래에 일정한 조건을 충족하였거나 충족할 경우 기업에게 자원을 이전하는 형식의 정부지원. 합리적으로 가치를 산정할 수 없는 정부지원과 기업의 정상적인 거래와 구분할 수 없는 정부와의 거래는 제외한다.

(자산관련보조금) 정부지원의 요건을 충족하는 기업이 장기성 자산을 매입, 건설하거나 다른 방법으로 취득하여야 하는 일차적 조건이 있는 정부보조금. 부수조건으로 해당 자산의 유형이나 위치 또는 자산의 취득기간이나 보유기간을 제한할 수 있다.

(수익관련보조금) 자산관련보조금 이외의 정부보조금

비상각자산과 관련된 정부보조금이 일정한 의무의 이행도 요구한다면 그 의무를 충족시키기 위한 원가를 부담하는 기간에 그 정부보조금을 당기손익으로 인식한다. 예를 들어 건물을 건설하는 조건으로 토지를 보조금으로 받은 경우 건물의 내용연수동안 보조금을 당기손익으로 인식하는 것이 적절할 수 있다.(18)

이미 발생한 비용이나 손실에 대한 보전 또는 향후의 관련원가 없이

기업에 제공되는 즉각적인 금융지원으로 수취하는 정부보조금은 정부보조금을 수취할 권리가 발생하는 기간에 당기손익으로 인식한다.(20)

과거기간에 발생한 비용이나 손실에 대한 보전으로 정부보조금을 수취하게 되는 경우가 있다. 이러한 정부보조금은 수취할 권리가 발생하는 기간에 그 효과를 명확하게 이해할 수 있도록 하는 공시와 함께 당기손익으로 인식한다.(22)

자산관련정부보조금(공정가치로 측정되는 비화폐성 보조금 포함)은 재무상태표에 이연수익으로 표시하거나 자산의 장부금액을 결정할 때 차감하여 표시한다.(24)

자산관련보조금(또는 보조금의 적절한 부분)을 재무제표에 표시하는 두 가지 방법이 모두 인정된다.(25)

(이연수익법) 한 가지 방법은 보조금을 이연수익으로 인식하여 자산의 내용연수에 걸쳐 체계적인 기준으로 당기손익에 인식하는 방법이다.(26)

(자산차감법) 다른 방법은 자산의 장부금액을 계산할 때 보조금을 차감하는 방법이다. 보조금은 감가상각자산의 내용연수에 걸쳐 감가상각비를 감소시키는 방식으로 당기손익으로 인식한다.(27)

수익관련보조금은 당기손익의 일부로 별도의 계정이나 '기타수익'과 같은 일반계정으로 표시한다. 대체적인 방법으로 관련비용에서 보조금을 차감할 수도 있다.(29)

8 무형자산의 정의 및 취득원가

이 기준서에서 사용하는 용어의 정의는 다음과 같다.(8)

무형자산: 물리적 실체는 없지만 식별할 수 있는 비화폐성자산

기업은 경제적 자원을 사용하거나 부채를 부담하여 과학적·기술적 지식, 새로운 공정이나 시스템의 설계와 실행, 라이선스, 지적재산권, 시장에 대한 지식과 상표(브랜드명 및 출판표제 포함) 등의 무형자원을 취득, 개발, 유지하거나 개선한다. 이러한 예에는 컴퓨터소프트웨어, 특허권, 저작권, 영화필름, 고객목록, 모기지관리용역권, 어업권, 수입할당량, 프랜차이즈, 고객이나 공급자와의 관계, 고객충성도, 시장점유율과 판매권 등이 있다.(9)

어떤 항목을 무형자산으로 인식하기 위해서는 그 항목이 다음의 조건을 모두 충족한다는 사실을 기업이 제시하여야 한다.(18)

(1) 무형자산의 정의

(2) 무형자산의 인식기준

위의 조건은 무형자산을 취득하거나 내부적으로 창출하기 위하여 최초로 발생한 원가와, 취득이나 완성 후에 증가·대체·수선을 위하여 발생한 원가에 적용한다.

다음의 조건을 모두 충족하는 경우에만 무형자산을 인식한다.(21)

(1) 자산에서 발생하는 미래경제적효익이 기업에 유입될 가능성이 높다.

(2) 자산의 원가를 신뢰성 있게 측정할 수 있다.

무형자산을 최초로 인식할 때에는 원가로 측정한다.(24)

개별 취득하는 무형자산의 원가는 다음 항목으로 구성된다.(27)

(1) 구입가격(매입할인과 리베이트를 차감하고 수입관세와 환급받을 수 없는 제세금을 포함한다)

(2) 자산을 의도한 목적에 사용할 수 있도록 준비하는 데 직접 관련되는 원가

직접 관련되는 원가의 예는 다음과 같다.(28)

(1) 그 자산을 사용 가능한 상태로 만드는 데 직접적으로 발생하는 종업원급여

(2) 그 자산을 사용 가능한 상태로 만드는 데 직접적으로 발생하는 전문가 수수료

(3) 그 자산이 적절하게 기능을 발휘하는지 검사하는 데 발생하는 원가

무형자산 원가에 포함하지 않는 지출의 예는 다음과 같다.(29)

(1) 새로운 제품이나 용역의 홍보원가(광고와 판매촉진활동 원가를 포함한다)

(2) 새로운 지역에서 또는 새로운 계층의 고객을 대상으로 사업을 수행하는 데서 발생하는 원가(교육훈련비를 포함한다)

(3) 관리원가와 기타 일반경비원가

무형자산 원가의 인식은 그 자산을 경영자가 의도하는 방식으로 운용될 수 있는 상태에 이르면 중지한다. 따라서 무형자산을 사용하거나 재배치하는 데 발생하는 원가는 자산의 장부금액에 포함하지 않

는다. 예를 들면, 다음의 원가는 무형자산의 장부금액에 포함하지 아니한다.(30)

(1) 경영자가 의도하는 방식으로 운용될 수 있으나 아직 사용하지 않고 있는 기간에 발생한 원가

(2) 자산의 산출물에 대한 수요가 확립되기 전까지 발생하는 손실과 같은 초기 영업손실

9 내부적으로 창출한 무형자산

내부적으로 창출한 무형자산이 인식기준을 충족하는지를 평가하기 위하여 무형자산의 창출과정을 연구단계와 개발단계로 구분한다. '연구'와 '개발'은 정의되어 있지만, '연구단계'와 '개발단계'라는 용어는 이 기준서의 목적상 더 넓은 의미를 갖는다.(52)

무형자산을 창출하기 위한 내부 프로젝트를 연구단계와 개발단계로 구분할 수 없는 경우에는 그 프로젝트에서 발생한 지출은 모두 연구단계에서 발생한 것으로 본다.(53)

연구(또는 내부 프로젝트의 연구단계)에서 발생하는 무형자산을 인식하지 않는다. 연구(또는 내부 프로젝트의 연구단계)에 대한 지출은 발생시점에 비용으로 인식한다.(54)

내부 프로젝트의 연구단계에서는 미래경제적효익을 창출할 무형자산이 존재한다는 것을 제시할 수 없기 때문에, 내부 프로젝트의 연구단계에서 발생한 지출은 발생시점에 비용으로 인식한다.(55)

연구활동의 예는 다음과 같다.(56)

(1) 새로운 지식을 얻고자 하는 활동

(2) 연구결과나 기타 지식을 탐색, 평가, 최종 선택, 응용하는 활동

(3) 재료, 장치, 제품, 공정, 시스템이나 용역에 대한 여러 가지 대체안을 탐색하는 활동

(4) 새롭거나 개선된 재료, 장치, 제품, 공정, 시스템이나 용역에 대한 여러 가지 대체안을 제안, 설계, 평가, 최종 선택하는 활동

다음 사항을 모두 제시할 수 있는 경우에만 개발활동(또는 내부 프로젝트의 개발단계)에서 발생한 무형자산을 인식한다.(57)

(1) 무형자산을 사용하거나 판매하기 위해 그 자산을 완성할 수 있는 기술적 실현가능성

(2) 무형자산을 완성하여 사용하거나 판매하려는 기업의 의도

(3) 무형자산을 사용하거나 판매할 수 있는 기업의 능력

(4) 무형자산이 미래경제적효익을 창출하는 방법. 그 중에서도 특히 무형자산의 산출물이나 무형자산 자체를 거래하는 시장이 존재함을 제시할 수 있거나 또는 무형자산을 내부적으로 사용할 것이라면 그 유용성을 제시할 수 있다.

(5) 무형자산의 개발을 완료하고 그것을 판매하거나 사용하는 데 필요한 기술적·재정적 자원 등의 입수가능성

(6) 개발과정에서 발생한 무형자산 관련 지출을 신뢰성 있게 측정할 수 있는 기업의 능력

개발활동의 예는 다음과 같다.(59)

(1) 생산이나 사용 전의 시제품과 모형을 설계, 제작, 시험하는 활동

(2) 새로운 기술과 관련된 공구, 지그, 주형, 금형 등을 설계하는 활동

(3) 상업적 생산 목적으로 실현가능한 경제적 규모가 아닌 시험공장을 설계, 건설, 가동하는 활동

(4) 신규 또는 개선된 재료, 장치, 제품, 공정, 시스템이나 용역에 대하여 최종적으로 선정된 안을 설계, 제작, 시험하는 활동

내부적으로 창출한 브랜드, 제호, 출판표제, 고객 목록과 이와 실질이 유사한 항목은 무형자산으로 인식하지 아니한다.(63)

10 무형자산의 후속측정

무형자산의 회계정책으로 문단 74의 원가모형이나 문단 75의 재평가모형을 선택할 수 있다. 재평가모형을 적용하여 무형자산을 회계처리하는 경우에는, 같은 유형의 기타 모든 자산도 그에 대한 활성시장이 없는 경우를 제외하고는 동일한 방법을 적용하여 회계처리한다.(72)

무형자산의 유형은 기업의 영업에서 특성과 용도가 비슷한 자산의 집합이다. 자산을 선택적으로 재평가하거나 재무제표에서 서로 다른 기준일의 원가와 가치가 혼재된 금액을 보고하는 것을 방지하기 위하여 같은 유형 내의 무형자산 항목들은 동시에 재평가한다.(73)

(원가모형) 최초 인식 후에 무형자산은 원가에서 상각누계액과 손상차손누계액을 차감한 금액을 장부금액으로 한다.(74)

(재평가모형) 최초 인식 후에 무형자산은 재평가일의 공정가치에서 이후의 상각누계액과 손상차손누계액을 차감한 재평가금액을 장부금액으로 한다. 이 기준서의 재평가 목적상 공정가치는 활성시장을 기초로 하여 측정한다. 보고기간말에 자산의 장부금액이 공정가치와 중요하게 차이가 나지 않도록 주기적으로 재평가를 실시한다.(75)

11 무형자산의 상각

무형자산의 회계처리는 내용연수에 따라 다르다. 내용연수가 유한한 무형자산은 상각하고, 내용연수가 비한정인 무형자산은 상각하지 아니한다.(89)

내용연수가 유한한 무형자산의 상각대상금액은 내용연수 동안 체계적인 방법으로 배분하여야 한다. 상각은 자산을 사용할 수 있는 때부터 시작한다. 즉 자산이 경영자가 의도하는 방식으로 운영할 수 있는 장소와 상태에 이르렀을 때부터 시작한다.(97)

내용연수가 유한한 무형자산의 잔존가치는 다음 중 하나에 해당하는 경우를 제외하고는 영(0)으로 본다.(100)

(1) 내용연수 종료 시점에 제3자가 자산을 구입하기로 한 약정이 있다.

(2) 무형자산의 활성시장(기업회계기준서 제1113호에 정의되어 있음)이 있고 다음을 모두 충족한다.
   (가) 잔존가치를 그 활성시장에 기초하여 결정할 수 있다.
   (나) 그러한 활성시장이 내용연수 종료 시점에 존재할 가능성이 높다.

내용연수가 유한한 무형자산의 상각기간과 상각방법은 적어도 매 회계연도 말에 검토한다. 자산의 예상 내용연수가 과거의 추정치와 다르다면 상각기간을 이에 따라 변경한다. 자산이 갖는 미래경제적효익의 예상소비형태가 변동된다면, 변동된 소비형태를 반영하기 위하여 상각방법을 변경한다. 그러한 변경은 기업회계기준서 제1008호에 따라 회계추정의 변경으로 회계처리한다.(104)

12 유형자산 및 무형자산의 손상차손

유형자산의 손상여부를 결정하기 위해서는 기업회계기준서 제1036호를 적용한다. 기업회계기준서 제1036호는 자산의 장부금액의 검토방법, 자산의 회수가능액의 결정방법 및 손상차손과 손상차손환입의 인식시기를 설명하고 있다.(63)

보고기간 말마다 자산손상 징후가 있는지를 검토한다. 그러한 징후가 있다면 해당 자산의 회수가능액을 추정한다.(9)

다음의 경우에는 자산손상 징후가 있는지에 관계없이 회수가능액과 장부금액을 비교하여 손상검사를 한다.(10)

(1) 내용연수가 비한정인 무형자산이나 아직 사용할 수 없는 무형자산은 일 년에 한 번은 손상검사를 한다. 손상검사를 매년 같은 시기에 수행한다면 연차 회계기간(이하 '회계연도'라 한다) 중 어느 때에라도 할 수 있다. 서로 다른 무형자산은 각기 다른 시점에 손상검사를 할 수 있다. 다만 해당 회계연도 중에 이러한 무형자산을 처음 인식한 경우에는 해당 회계연도 말 전에 손상검사를 한다.

(2) 사업결합으로 취득한 영업권은 문단 80~99에 따라 일 년에 한 번은 손상검사를 한다.

무형자산에서 그 장부금액을 회수하기에 충분한 미래 경제적 효익을 창출할 수 있을지는 해당 무형자산을 사용할 수 있게 되기 전이 후보다 더욱 불확실하다. 따라서 이 기준서에서는 아직 사용할 수 없는 무형자산의 장부금액은 적어도 일 년에 한 번은 손상검사를 하도록 요구한다.(11)

자산손상 징후가 있는지를 검토할 때는 최소한 다음의 징후를 고려

한다.(12)

(외부정보원천)

(1) 회계기간 중에 자산의 가치가 시간의 경과나 정상적인 사용에 따라 하락할 것으로 예상되는 수준보다 유의적으로 더 하락하였다는 관측 가능한 징후가 있다.

(2) 기업이 영업하는 기술・시장・경제・법률 환경이나 해당 자산을 사용하여 재화나 용역을 공급하는 시장에서 기업에 불리한 영향을 미치는 유의적 변화가 회계기간 중에 일어났거나 가까운 미래에 일어날 것으로 예상된다.

(3) 시장이자율(그 밖의 시장투자수익률을 포함한다. 이하 같다)이 회계기간 중에 상승하여 자산의 사용가치를 계산할 때 사용하는 할인율에 영향을 미쳐 자산의 회수가능액이 중요하게 감소할 가능성이 높다.

(4) 기업의 순자산 장부금액이 기업의 시가총액보다 많다.

(내부정보원천)

(5) 자산이 진부화하거나 물리적으로 손상된 증거를 얻을 수 있다.

(6) 자산의 사용 범위나 사용 방법에서 기업에 불리한 영향을 미치는 유의적 변화가 회계기간 중에 일어났거나 가까운 미래에 일어날 것으로 예상된다. 이 변화에는 자산의 유휴화, 자산을 사용하는 영업부문을 중단하거나 구조 조정할 계획, 예상 시점보다 앞서 자산을 처분할 계획, 비한정 내용연수를 유한 내용연수로 재평가하기 등을 포함한다.

(7) 자산의 경제적 성과가 예상 수준에 미치지 못하거나 못할 것으로 예상되는 증거를 내부보고에서 얻을 수 있다.

이 기준서에서는 회수가능액을 자산 또는 현금창출단위의 처분부대원가를 뺀 공정가치와 사용가치 중 더 많은 금액으로 정의한다.(18)

처분부대원가는 처분부대원가를 뺀 공정가치를 측정할 때 차감하여 반영한다. 다만 이미 부채로 인식된 처분부대원가는 제외한다. 처분부대원가의 예로는 법률원가, 인지세와 이와 비슷한 거래세, 자산 제거원가, 자산을 매각할 수 있는 상태로 만드는 데에 드는 직접 증분원가 등이 있다. 그러나 자산 처분에 따르는 사업의 축소나 조직변경과 관련된 해고급여(기업회계기준서 제1019호에서 정의함)와 그 밖의 원가는 자산 처분에 대한 직접 증분원가가 아니다.(28)

자산의 사용가치 계산에는 다음 요소를 반영한다.(30)

(1) 자산에서 얻을 것으로 예상되는 미래현금흐름의 추정치

(2) 미래현금흐름의 금액 및 시기의 가능한 변동에 대한 예상

(3) 현행 시장 무위험 이자율로 표현되는 화폐의 시간가치

(4) 자산에 내재한 불확실성을 보상하는 가격

(5) 자산에서 얻을 것으로 예상되는 미래현금흐름의 가격을 결정할 때 시장참여자들이 반영하는 비유동성과 같은 그 밖의 요소들

자산의 회수가능액이 장부금액에 못 미치는 경우에 자산의 장부금액을 회수가능액으로 감액한다. 해당 감소금액은 손상차손이다.(59)

손상차손은 곧바로 당기손익으로 인식한다. 다만 자산이 다른 한국채택국제회계기준서(예: 기업회계기준서 제1016호의 재평가모형)에 따라 재평가금액을 장부금액으로 하는 경우에는 재평가자산의 손상차손은 그 다른 한국채택국제회계기준서에 따라 재평가감소액으로 처리한다.(60)

재평가되지 않는 자산의 손상차손은 당기손익으로 인식한다. 그러나 재평가자산의 손상차손은 해당 자산에서 생긴 재평가잉여금에 해당하는 금액까지는 기타포괄손익으로 인식한다. 기타포괄손익으로 인식하는 재평가자산의 손상차손은 그 자산의 재평가잉여금을 감액한다.(61)

보고일마다 영업권을 제외한 자산에 대해 과거 기간에 인식한 손상차손이 더는 존재하지 않거나 감소되었을 수 있는 징후가 있는지를 검토한다. 징후가 있는 경우에는 해당 자산의 회수가능액을 추정한다.(110)

영업권을 제외한 자산에 대해 과거 기간에 인식한 손상차손이 더는 존재하지 않거나 감소되었을 수 있는 징후가 있는지를 검토할 때에는 최소한 다음 징후를 고려한다.(111)

(외부정보원천)

(1) 자산의 시장가치가 회계기간 중에 유의적으로 상승하였다는 관측 가능한 징후가 있다.

(2) 기업이 영업하는 기술·시장·경제·법률 환경이나 해당 자산을 사용하여 재화나 용역을 공급하는 시장에서 해당 기업에 유리한 영향을 미치는 유의적 변화가 회계기간 중에 생겼거나 가까운 미래에 생길 것으로 예상된다.

(3) 시장이자율이 회계기간 중에 하락하여 자산의 사용가치를 계산할 때 사용하는 할인율에 영향을 미쳐 자산의 회수가능액이 중요하게 증가할 수 있다.

(내부정보원천)

(4) 기업에 유리한 영향을 미치는 유의적 변화가 자산의 사용 범위와

사용 방법에서 회계기간 중에 생겼거나 가까운 미래에 생길 것으로 예상된다. 이 변화에는 자산의 성능을 개선·향상하거나 자산이 속하는 영업을 구조조정하기 위한 원가가 기간 중에 생기는 경우가 포함된다.

(5) 자산의 경제적 성과가 예상보다 더 좋거나 더 좋을 것임을 나타내는 증거를 내부보고에서 얻을 수 있다.

영업권을 제외한 자산에 대하여 과거 기간에 인식한 손상차손은 직전 손상차손을 인식한 이후 회수가능액을 산정하기 위해 사용한 추정치가 달라진 경우에만 환입한다. 손상차손이 환입되는 경우에는 문단 117에 기술된 사항을 제외하고는 자산의 장부금액을 회수가능액으로 증액한다. 이때 해당 증가 금액은 손상차손환입이다.(114)

영업권에 인식한 손상차손은 후속 기간에 환입하지 아니한다.(124)

〈출처: K-IFRS 제1016호 유형자산, 제1020호 정부보조금의 회계처리와 정부지원의 공시, 제1036호 자산손상, 제1038호 무형자산〉

* 괄호안의 숫자는 기준서 문단번호를 나타냄

01 다음의 특징을 모두 가지고 있는 자산은? 〈2021 감정평가사〉

> • 개별적으로 식별하여 별도로 인식할 수 없다.
> • 손상징후와 관계없이 매년 손상검사를 실시한다.
> • 손상차손환입을 인식할 수 없다.
> • 사업결합시 이전대가가 피취득자 순자산의 공정가치를 초과한 금액이다.

① 특허권
② 회원권
③ 영업권
④ 라이선스
⑤ 가상화폐

해설

③ 영업권

영업권은 사업결합시 이전대가가 피취득자 순자산의 공정가치를 초과한 금액이다. 영업권은 개별적으로 식별하여 별도로 인식할 수 없으며, 무형자산에 대한 상각(비용) 대신 매년 손상검사를 실시하고, 장부금액보다 회수가능금액이 낮아지는 경우 그 차액만큼을 손상차손으로 인식한다.

02 투자부동산에 관한 설명으로 옳지 않은 것은? 〈2021 감정평가사〉

① 소유 투자부동산은 최초 인식시점에 원가로 측정한다.
② 투자부동산을 후불조건으로 취득하는 경우의 원가는 취득시점의 현금가격상당액으로 한다.
③ 투자부동산의 평가방법으로 공정가치모형을 선택한 경우, 감가상각을 수행하지 아니한다.
④ 공정가치로 평가하게 될 자가건설 투자부동산의 건설이나 개발이 완료되면 해당일의 공정가치와 기존 장부금액의 차액은 기타포괄손익으로 인식한다.
⑤ 재고자산을 공정가치로 평가하는 투자부동산으로 대체하는 경우, 재고자산의 장부금액과 대체시점의 공정가치의 차액은 당기손익으로 인식한다.

해설

④ 공정가치로 평가하게 될 자가건설 투자부동산의 건설이나 개발이 완료되면 해당일의 공정가치와 기존 장부금액의 차액은 기타포괄손익으로 인식한다.

[K-IFRS 제1040호 투자부동산]

65 공정가치로 평가하게 될 자가건설 투자부동산의 건설이나 개발이 완료되면 해당일의 공정가치와 기존 장부금액의 차액은 당기손익으로 인식한다.

03 **(주)감평은 20×1년 초 기계장치(취득원가 ₩1,000,000, 내용연수 5년, 잔존가치 ₩50,000, 정액법 상각)를 구입하고, 원가모형을 적용하였다. 20×4년 초 (주)감평은 기계장치의 내용연수를 당초 5년에서 7년으로, 잔존가치도 변경하였다. (주)감평이 20×4년에 인식한 감가상각비가 ₩100,000인 경우, 기계장치의 변경된 잔존가치는?**

〈2021 감정평가사〉

① ₩20,000
② ₩30,000
③ ₩50,000
④ ₩70,000
⑤ ₩130,000

해설

② ₩30,000

20×1년~20×3년 감가상각비 (1,000,000−50,000) / 5년
= 매년 190,000

20×3.12.31 장부금액 = 취득원가 1,000,000 − 감가상각누계액
(570,000 = 190,000 × 3년) = 430,000

20×4년 감가상각비 100,000 = (430,000 - 잔존가치) / 4년

따라서 잔존가치 = 30,000

04 (주)감평은 20×1년 초 기계장치(내용연수 3년, 잔존가치 ₩0, 정액법 상각)를 구입과 동시에 무이자부 약속어음(액면금액 ₩300,000, 3년 만기, 매년 말 ₩100,000 균등상환)을 발행하여 지급하였다. 이 거래 당시 (주)감평이 발행한 어음의 유효이자율은 연 12%이다. 기계장치에 대해 원가모형을 적용하고, 당해 차입원가는 자본화대상에 해당하지 않는다. 20×1년 (주)감평이 인식할 비용은? (단, 12%, 3기간의 연금현가계수는 2.40183이고, 계산금액은 소수점 첫째자리에서 반올림하며, 단수차이로 인한 오차가 있으면 가장 근사치를 선택한다.) 〈2021 감정평가사〉

① ₩59,817
② ₩80,061
③ ₩88,639
④ ₩108,883
⑤ ₩128,822

해설

④ ₩108,883

20×1.1.1	차)	기계장치[1] 240,183 현재가치할인차금 59,817	대)	장기미지급금 300,000

1) 100,000 × 연금현가계수 2.40183 = 240,183

20×1.12.31	차)	장기미지급금 100,000 이자비용[2] 28,822 감가상각비[3] 80,061	대)	현금 100,000 현재가치할인차금 28,822 감가상각누계액 80,061

2) 240,183 × 12% = 28,822
3) (240,183 − 0) / 3년 = 80,061

20×1년 비용 = 28,822 + 80,061 = 108,883

05 **(주)감평은 20×1년 중 연구개발비를 다음과 같이 지출하였다.**

지출시기	구분	금액	비고
1월 초~6월 말	연구단계	₩50,000	
7월 초~9월 말	개발단계	100,000	자산인식 요건 미충족함
10월 초~12월 말	개발단계	50,000	자산인식 요건 충족함

(주)감평은 20×2년 말까지 ₩100,000을 추가 지출하고 개발을 완료하였다. 무형자산으로 인식한 개발비(내용연수 10년, 잔존가치 ₩0, 정액법 상각)는 20×3년 1월 1일부터 사용이 가능하며, 원가모형을 적용한다. 20×3년 말 현재 개발비가 손상징후를 보였으며 회수가능액은 ₩80,000이다. 20×3년 인식할 개발비 손상차손은?

〈2021 감정평가사〉

① ₩50,000
② ₩50,500
③ ₩53,750
④ ₩55,000
⑤ ₩70,000

해설

④ ₩55,000

개발비(무형자산) = 20×1년 50,000 + 20×2년 100,000 = 150,000

20×3.12.31	차)	개발비상각[1]	15,000	대)	개발비	15,000

1) (150,000 - 0) / 10년 = 15,000

20×3.12.31 손상차손 = 장부금액 135,000 − 회수가능금액 80,000
= 55,000

06 **(주)감평이 사용하는 기계장치의 20×1년 말 장부금액은 ₩3,500 (취득원가 ₩6,000, 감가상각누계액 ₩2,500, 원가모형 적용)이다. 20×1년 말 동 기계장치의 진부화로 가치가 감소하여 순공정가치는 ₩1,200, 사용가치는 ₩1,800으로 추정되었다. (주)감평이 20×1년 인식할 기계장치 손상차손은?** 〈2021 감정평가사〉

① ₩1,200
② ₩1,700
③ ₩1,800
④ ₩2,000
⑤ ₩2,300

해설

② ₩1,700

20×1.12.31 손상차손 = 장부금액 3,500 − 회수가능금액 1,800[Max (순공정가치 1,200, 사용가치 1,800)] = 1,700

07 (주)한국은 20×1년 1월 1일 유형자산을 취득하고 다음과 같이 대금을 지급하였다. 유효이자율이 연 10%일 경우, (주)한국이 20×2년도에 인식할 이자비용은? (단, 연금현가계수는 2.4868(3년, 연 10%)이며, 단수차이가 발생할 경우 가장 근사치를 선택한다.)

〈2020 경영지도사〉

	20×1년 말	20×2년 말	20×3년 말
대금 지급액	₩1,000,000	₩1,000,000	₩1,000,000

① ₩90,909
② ₩100,000
③ ₩173,548
④ ₩190,909
⑤ ₩248,680

해설

③ ₩173,548

20×1년 초	차)	유형자산[1] 2,486,800 현재가치할인차금 513,200	대)	장기미지급금 3,000,000
20×1년 말	차)	장기미지급금 1,000,000 이자비용[2] 248,680	대)	현금 1,000,000 현재가치할인차금 248,680
20×2년 말	차)	장기미지급금 1,000,000 이자비용[3] 173,548	대)	현금 1,000,000 현재가치할인차금 173,548

1) 1,000,000×2.4868 = 2,486,800

2) (3,000,000 − 513,200)×10% = 248,680

3) (2,000,000 − 513,200 + 248,680)×10% = 173,548

08 **(주)감평은 20×1년 초 임대수익을 얻고자 건물(취득원가 ₩1,000,000, 내용연수 5년, 잔존가치 ₩100,000, 정액법 상각)을 취득하고, 이를 투자부동산으로 분류하였다. 한편, 부동산 경기의 불황으로 20×1년 말 동 건물의 공정가치는 ₩800,000으로 하락하였다. 동 건물에 대하여 공정가치모형을 적용할 경우에 비해 원가모형을 적용할 경우 (주)감평의 20×1년도 당기순이익은 얼마나 증가 혹은 감소하는가? (단, 동 건물은 투자부동산의 분류요건을 충족하며, (주)감평은 동 건물을 향후 5년 이내 매각할 생각이 없다.** 〈2020 감정평가사〉

① ₩20,000 증가
② ₩20,000 감소
③ ₩0
④ ₩180,000 증가
⑤ ₩180,000 감소

해설

① ₩20,000 증가

	원가모형	공정가치모형
감가상각비	(1,000,000–100,000)/5년 =180,000	–
평가손실	–	1,000,000–800,000 =200,000

공정가치모형을 적용할 경우에 비해 원가모형을 적용할 경우 20×1년도 당기순이익은 20,000 증가한다.

09 **(주)감평은 20×1년 초 기계장치(취득원가 ₩1,600,000, 내용연수 4년, 잔존가치 ₩0, 정액법 상각)를 취득하였다. (주)감평은 기계장치에 대해 원가모형을 적용한다. 20×1년 말 동 기계장치에 손상징후가 존재하여 회수가능액을 결정하기 위해 다음과 같은 정보를 수집하였다.**

- 20×1년 말 현재 기계장치를 처분할 경우, 처분금액은 ₩760,000이며 처분관련 부대원가는 ₩70,000이 발생할 것으로 추정된다.
- (주)감평이 동 기계장치를 계속하여 사용할 경우, 20×2년 말부터 내용연수 종료시점까지 매년 말 ₩300,000의 순현금유입과, 내용연수 종료시점에 ₩20,000의 기계 철거 관련 지출이 발생할 것으로 예상된다.
- 현재가치 측정에 사용할 할인율은 연 12%이다.

기간	단일금액 ₩1의 현재가치 (할인율=12%)	정상연금 ₩1의 현재가치 (할인율=12%)
3	0.7118	2.4018

(주)감평이 20×1년 유형자산(기계장치) 손상차손으로 인식할 금액은? (단, 계산금액은 소수점 첫째자리에서 반올림하며, 단수차이로 인한 오차가 있으면 가장 근사치를 선택한다.) 〈2020 감정평가사〉

① ₩465,194
② ₩470,000
③ ₩479,460
④ ₩493,696
⑤ ₩510,000

해설

④ ₩493,696

20×1년 감가상각비 (1,600,000 − 0) / 4년 = 400,000

20×1.12.31 장부금액 = 1,600,000 − 400,000 = 1,200,000

20×1.12.31 회수가능금액 = Max(순공정가치, 사용가치)
= Max[(760,000 − 70,000), (300,000 × 2.4018 −20,000 × 0.7118)]
= Max[690,000, 706,304]

20×1.12.31 손상차손 = 장부금액 1,200,000 − 회수가능금액 706,304
= 493,696

10 (주)감평은 20×1년 초 환경설비(취득원가 ₩5,000,000, 내용연수 5년, 잔존가치 ₩0, 정액법 상각)를 취득하였다. 동 환경설비는 관계 법령에 의하여 내용연수가 종료되면 원상 복구해야 하며, 이러한 복구의무는 충당부채의 인식요건을 충족한다. (주)감평은 취득시점에 내용연수 종료 후 복구원가로 지출될 금액을 ₩200,000으로 추정하였으며, 현재가치계산에 사용될 적절한 할인율은 연 10%로 내용연수 종료시점까지 변동이 없을 것으로 예상하였다. 하지만 (주)감평은 20×2년 초 환경설비의 내용연수 종료 후 복구원가로 지출될 금액이 ₩200,000에서 ₩300,000으로 증가할 것으로 예상하였으며, 현재가치계산에 사용될 할인율도 연 10%에서 연 12%로 수정하였다. (주)감평이 환경설비와 관련된 비용을 자본화하지 않는다고 할 때, 동 환경설비와 관련하여 20×2년도 포괄손익계산서에 인식할 비용은? (단, (주)감평은 모든 유형자산에 대하여 원가모형을 적용하고 있으며, 계산금액은 소수점 첫째자리에서 반올림하고, 단수차이로 인한 오차가 있으면 가장 근사치를 선택한다.) 〈2020 감정평가사〉

기간	단일금액 ₩1의 현재가치 (할인율=10%)	단일금액 ₩1의 현재가치 (할인율=12%)
4	0.6830	0.6355
5	0.6209	0.5674

① ₩1,024,837
② ₩1,037,254
③ ₩1,038,350
④ ₩1,047,716
⑤ ₩1,061,227

해설

⑤ ₩1,061,227

20×1년 초	차)	환경설비 5,124,180	대)	현금 5,000,000 복구충당부채[1)] 124,180
20×1년 말	차)	복구충당부채전입액 12,418 감가상각비 1,024,836	대)	복구충당부채 12,418 감가상각누계액 1,024,836
20×2년 초	차)	환경설비 54,052	대)	복구충당부채 54,052
20×2년 말	차)	복구충당부채전입액 22,878 감가상각비 1,038,349	대)	복구충당부채 22,878 감가상각누계액 1,038,349

1) 200,000×0.6209 = 124,180

20×2년도 포괄손익계산서에 인식할 비용은 감가상각비 1,038,349 + 복구충당부채전입액 22,878 = 1,061,227

11 토지의 취득원가에 포함해야 할 항목을 모두 고른 것은?

〈2020 감정평가사〉

ㄱ. 토지 중개수수료 및 취득세 ㄴ. 직전 소유자의 체납재산세를 대납한 경우, 체납재산세 ㄷ. 회사가 유지·관리하는 상하수도 공사비 ㄹ. 내용연수가 영구적이지 않은 배수공사비용 및 조경공사비용 ㅁ. 토지의 개발이익에 대한 개발부담금

① ㄱ, ㄴ, ㄷ
② ㄱ, ㄴ, ㅁ
③ ㄱ, ㄷ, ㄹ
④ ㄱ, ㄷ, ㅁ
⑤ ㄴ, ㄹ, ㅁ

해설

② ㄱ, ㄴ, ㅁ

토지의 취득원가에는 토지 중개수수료 및 취득세, 직전 소유자의 체납재산세를 대납한 경우, 체납재산세, 토지의 개발이익에 대한 개발부담금이 포함된다.

12 (주)감평은 신약개발을 위해 20×1년 중에 연구활동관련 ₩500,000, 개발활동관련 ₩800,000을 지출하였다. 개발활동에 소요된 ₩800,000 중 ₩300,000은 20×1년 3월 1일부터 동년 9월 30일까지 지출되었으며 나머지 금액은 10월 1일 이후에 지출되었다. (주)감평의 개발활동이 무형자산 인식기준을 충족한 것은 20×1년 10월 1일부터이며, (주)감평은 20×2년 초부터 20×2년 말까지 ₩400,000을 추가 지출하고 신약개발을 완료하였다. 무형자산으로 인식한 개발비는 20×3년 1월 1일부터 사용이 가능하며, 내용연수 4년, 잔존가치 ₩0, 정액법으로 상각하고, 원가모형을 적용한다. (주)감평의 20×3년 개발비 상각액은? 〈2020 감정평가사〉

① ₩225,000
② ₩250,000
③ ₩300,000
④ ₩325,000
⑤ ₩350,000

해설

① ₩225,000

무형자산 인식기준을 충족한 20×1년 10월 1일 이후 지출 500,000 + 20×2년 지출 400,000 = 개발비(무형자산) 900,000

20×3년 말	차)	개발비상각비[1]	225,000	대)	개발비	225,000

1) (900,000 − 0) / 4년 = 225,000

13 **(주)한국은 20×1년 초 기계장치(내용연수 5년, 잔존가치 ₩1,000)를 ₩11,000에 취득하여 정액법으로 감가상각하고 있다. 20×2년 말 이 기계장치에 대해서 손상이 발생하였고, 회수가능액은 ₩4,000으로 추정되었다. (주)한국이 20×2년 말에 인식할 손상차손은?**

〈2020 경영지도사〉

① ₩2,000
② ₩2,600
③ ₩3,000
④ ₩5,000
⑤ ₩6,000

해설

③ ₩3,000

매년 감가상각비 (11,000–1,000)/5년=2,000

20×2년 말 장부금액 (11,000–2,000–2,000)=7,000

20×2년 말 회수가능액 4,000

20×2년 말 손상차손 = 장부금액 7,000 - 회수가능액 4,000 = 3,000

20×2년 말	차)	손상차손	3,000	대)	손상차손누계액	3,000

14 (주)감평은 (주)한국과 다음과 같은 기계장치를 상호 교환하였다.

구분	(주)감평	(주)한국
취득원가	₩800,000	₩600,000
감가상각누계액	340,000	100,000
공정가치	450,000	480,000

교환과정에서 (주)감평은 (주)한국에게 현금을 지급하고, 기계장치 취득원가 ₩470,000, 처분손실 ₩10,000을 인식하였다. 교환과정에서 (주)감평이 지급한 현금은? (단, 교환거래에 상업적 실질이 있고 각 기계장치의 공정가치는 신뢰성 있게 측정된다.)

〈2020 감정평가사〉

① ₩10,000
② ₩20,000
③ ₩30,000
④ ₩40,000
⑤ ₩50,000

해설

② ₩20,000

교환시	차)	신 기계장치 470,000 기계장치처분손실 10,000 감가상각누계액 340,000	대)	현금 20,000 구 기계장치 800,000

15 (주)감평은 20×1년 1월 1일 기계장치(내용연수 5년, 잔존가치 ₩0, 정액법 상각)를 ₩1,000,000에 취득하여 사용개시 하였다. (주)감평은 동 기계장치에 재평가모형을 적용하며 20×2년 말 손상차손 ₩12,500을 인식하였다. 다음은 기계장치에 대한 재평가 및 손상 관련 자료이다.

구분	공정가치	순공정가치	사용가치
20×1년 말	₩850,000	₩800,000	₩900,000
20×2년 말	₩610,000	₩568,000	?

20×2년 말 기계장치의 사용가치는? 〈2020 감정평가사〉

① ₩522,500
② ₩550,000
③ ₩568,000
④ ₩575,000
⑤ ₩587,500

해설

⑤ ₩587,500

20×1년 초	차)	기계장치 1,000,000	대)	현금 1,000,000
20×1년 말	차)	감가상각비 200,000	대)	감가상각누계액 200,000
20×2년 말	차)	감가상각비 200,000 손상차손 12,500	대)	감가상각누계액 200,000 손상차손누계액 12,500

20×2년 말 장부금액(1,000,000 − 400,000 = 600,000) − 회수가능금액(사용가치) = 손상차손 12,500

따라서 회수가능금액 = 587,500

16

상품매매기업인 (주)감평은 20×1년 초 건물(취득원가 ₩10,000,000, 내용연수 10년, 잔존가치 ₩0, 정액법 상각)을 취득하면서 다음과 같은 조건의 공채를 액면금액으로 부수 취득하였다.

- 액면금액: ₩2,000,000
- 발행일: 20×1년 1월 1일, 만기 3년
- 액면이자율: 연 4%(매년 말 이자지급)
- 유효이자율: 연 8%

(주)감평이 동 채권을 상각후원가 측정(AC) 금융자산으로 분류할 경우, 건물과 상각후원가 측정(AC) 금융자산 관련 거래가 20×1년 당기순이익에 미치는 영향은? (단, 건물에 대해 원가모형을 적용하고, 계산금액은 소수점 첫째자리에서 반올림하며, 단수차이로 인한 오차가 있으면 가장 근사치를 선택한다.) 〈2020 감정평가사〉

기간	단일금액 ₩1의 현재가치		정상연금 ₩1의 현재가치	
	4%	8%	4%	8%
3	0.8890	0.7938	2.7751	2.5771

① ₩143,501 증가
② ₩856,499 감소
③ ₩877,122 감소
④ ₩920,000 감소
⑤ ₩940,623 감소

해설

③ ₩877,122 감소

공채의 현재가치 = (2,000,000×0.7938) + (80,000×2.5771)
= 1,587,600 + 206,168
= 1,793,768

20×1년 초	차)	건물 10,206,232 AC금융자산 1,793,768	대)	현금 10,000,000 현금 2,000,000
20×1년 말	차)	감가상각비 1,020,623 AC금융자산 63,501 현금 80,000	대)	감가상각누계액 1,020,623 이자수익 143,501

감가상각비 1,020,623(당기순이익 감소) − 이자수익 143,501(당기순이익 증가) = 877,122(당기순이익 감소)

17 상품매매기업인 (주)감평은 20×0년 말 취득한 건물(취득원가 ₩2,400,000, 내용연수 10년, 잔존가치 ₩0, 정액법 상각)을 유형자산으로 분류하여 즉시 사용개시하고, 동 건물에 대해 재평가모형을 적용하기로 하였다. 20×1년 10월 1일 (주)감평은 동 건물을 투자부동산으로 계정 대체하고 공정가치모형을 적용하기로 하였다. 시점별 건물의 공정가치는 다음과 같다.

20×0년 말	20×1년 10월 1일	20×1년 말
₩2,400,000	₩2,300,000	₩2,050,000

동 건물 관련 회계처리가 20×1년 당기순이익과 기타포괄이익에 미치는 영향은 각각 얼마인가? (단, 재평가잉여금은 이익잉여금으로 대체하지 않으며, 감가상각은 월할계산한다.) 〈2020 감정평가사〉

	당기순이익	기타포괄이익
①	₩180,000 감소	₩80,000 증가
②	₩180,000 감소	₩350,000 증가
③	₩430,000 감소	₩80,000 증가
④	₩430,000 감소	₩350,000 증가
⑤	₩430,000 감소	₩430,000 감소

해설

③ ₩430,000 감소 ₩80,000 증가

20×0년 말	차)	건물 2,400,000	대)	현금 2,400,000
20×1.9.30	차)	감가상각비[1] 180,000	대)	감가상각누계액 180,000
20×1.10.1	차)	투자부동산 2,300,000 감가상각누계액 180,000	대)	건물 2,400,000 자산재평가이익(OCI) 80,000
20×1년 말	차)	투자부동산평가손실(PL) 250,000	대)	투자부동산 250,000

1) (2,400,000−0)×1/10×9/12=180,000

당기순이익 영향 = 감가상각비 180,000 + 투자부동산평가손실 250,000
= 430,000(당기순이익 감소)

기타포괄이익 영향 = 자산재평가이익 80,000(기타포괄이익 증가)

18 (주)관세는 20×1년 1월 1일 기계장치를 취득(취득원가 ₩620,000, 내용연수 5년, 잔존가치 ₩20,000)하고 이를 정액법으로 감가상각하였다. 20×3년 1월 1일 감가상각 방법을 정액법에서 연수합계법으로 변경하였으나, 내용연수와 잔존가치는 변함이 없다. 20×3년 감가상각비는? 〈2021 관세사〉

① ₩176,000
② ₩180,000
③ ₩186,000
④ ₩190,000
⑤ ₩196,000

해설

② ₩180,000

20×1년 초	차)	기계장치 620,000	대)	현금 620,000
20×1년 말	차)	감가상각비[1)] 120,000	대)	감가상각누계액 120,000
20×2년 말	차)	감가상각비 120,000	대)	감가상각누계액 120,000
20×3년 말	차)	감가상각비[2)] 180,000	대)	감가상각누계액 180,000

1) (620,000−20,000) / 5년 = 120,000

2) (620,000−240,000−20,000) × 3/(1+2+3) = 180,000

19 **(주)관세는 20×1년 초 임대수익 목적으로 건물을 취득(취득원가 ₩100,000, 내용연수 10년, 잔존가치 ₩0, 정액법 상각)하고, 이를 투자부동산으로 분류하여 공정가치모형을 적용하였다. 20×1년 말 건물의 공정가치가 ₩120,000일 때, 동 건물과 관련하여 20×1년도 인식할 당기손익은?** 〈2021 관세사〉

① ₩20,000 손실
② ₩10,000 손실
③ ₩0
④ ₩10,000 이익
⑤ ₩20,000 이익

해설

⑤ ₩20,000 이익

20×1년 초	차)	투자부동산	100,000	대)	현금	100,000
20×1년 말	차)	투자부동산	20,000	대)	투자부동산평가이익(PL)	20,000

20 **도 · 소매업인 (주)관세는 20×1년 초 무형자산인 산업재산권을 취득(취득원가 ₩1,000,000, 내용연수 5년, 잔존가치 ₩0, 정액법 상각)하고 사용을 시작하였다. (주)관세는 산업재산권에 재평가모형을 적용하고 있으며, 20×1년 말과 20×2년 말 산업재산권의 공정가치는 각각 ₩780,000과 ₩610,000이다. 산업재산권 평가와 관련하여 20×2년도에 인식할 당기손익과 기타포괄손익은? (단, 재평가잉여금의 이익잉여금 대체는 없다.)** 〈2021 관세사〉

① 당기손실 ₩20,000 기타포괄손실 ₩5,000
② 당기손실 ₩25,000 기타포괄손익 ₩0
③ 당기손익 ₩0 기타포괄손실 ₩25,000
④ 당기이익 ₩25,000 기타포괄손익 ₩0
⑤ 당기이익 ₩20,000 기타포괄이익 ₩5,000

해설

⑤ 당기이익 ₩20,000 기타포괄이익 ₩5,000

구분	차)	차변	대)	대변
20×1년 초	차)	산업재산권 1,000,000	대)	현금 1,000,000
20×1년 말	차)	무형자산상각비[1] 200,000 자산재평가손실(PL)[2] 20,000	대)	산업재산권 200,000 산업재산권 20,000
20×2년 말	차)	무형자산상각비[3] 195,000 산업재산권[4] 25,000	대)	산업재산권 195,000 자산재평가이익(PL) 20,000 자산재평가이익(OCI) 5,000

1) (1,000,000−0) / 5년 = 200,000

2) 장부금액 800,000 - 공정가치 780,000 = 자산재평가손실 20,000

3) (780,000−0) / 4년 = 195,000

4) 장부금액 585,000 - 공정가치 610,000 = 자산재평가이익 25,000

21 (주)관세는 20×1년 초 유류저장 시설물을 취득(취득원가 ₩1,200,000, 내용연수 5년, 잔존가치 ₩0, 정액법 상각)하였다. 동 시설물은 내용연수 종료시점에 원상복구 의무가 있고, 그 비용은 ₩200,000으로 추정된다. 이에 대하여 연 8% 할인율을 적용하며, 실제 복구비용은 ₩210,000이 발생하였다. 20×1년 초에 인식할 동 시설물의 취득원가와 20×1년 복구충당부채에 전입할 이자비용은? (단, 동 시설물은 원가모형을 적용하고, 단일금액 ₩1의 현재가치는 0.6806(5기간, 8%)이다.)

〈2021 관세사〉

	취득원가	이자비용
①	₩1,336,120	₩10,890
②	₩1,336,120	₩16,000
③	₩1,342,926	₩10,890
④	₩1,342,926	₩16,000
⑤	₩1,342,926	₩16,800

해설

① ₩1,336,120 ₩10,890

20×1년 초	차)	시설물 1,336,120	대)	현금 1,200,000 복구충당부채[1] 136,120
20×1년 말	차)	이자비용[2] 10,890 감가상각비[3] 267,224	대)	복구충당부채 10,890 감가상각누계액 267,224

1) 200,000 × 0.6806 = 136,120

2) 기초 복구충당부채 136,120 × 8% = 10,890

3) (1,336,120 - 0) / 5년 = 267,224

22 **(주)관세는 20×1년 초 기계장치를 취득(취득원가 ₩3,600, 잔존가치 ₩0, 내용연수 5년, 정액법 상각)하고 원가모형을 적용하였다. 20×1년 말 동 기계장치에 손상징후를 검토한 결과, 사용가치와 순공정가치가 각각 ₩1,500, ₩1,600으로 추정되어 손상차손을 인식하였으며, 20×2년 말 회수가능액이 ₩2,200으로 회복되었다. 동 자산에 대한 회계처리 중 옳지 않은 것은?** 〈2021 관세사〉

① 20×1년도 감가상각비는 ₩720이다.
② 20×1년 말 회수가능액은 ₩1,600이다.
③ 20×1년도 손상차손은 ₩1,280이다.
④ 20×2년도 감가상각비는 ₩400이다.
⑤ 20×2년도 손상차손환입액은 ₩1,000이다.

해설

⑤ 20×2년도 손상차손환입액은 ₩1,000이다.

20×1년 초	차)	기계장치	3,600	대)	현금	3,600
20×1년 말	차)	감가상각비[1] 손상차손[2]	720 1,280	대)	감가상각누계액 손상차손누계액	720 1,280
20×2년 말	차)	감가상각비[3] 손상차손누계액	400 960	대)	감가상각누계액 손상차손환입[4]	400 960

1) (3,600 − 0) / 5년 = 720

2) 장부금액 3,600 − 720 = 2,880, 회수가능금액 Max(사용가치 1,500, 순공정가치 1,600)
손상차손 = 장부금액 2,880 − 회수가능금액 1,600 = 1,280

3) (1,600 − 0) / 4년 = 400

4) 손상차손환입 한도 = 손상전 장부금액 2,160(= 3,600 - 720 - 720)
손상차손환입 = 손상전 장부금액 2,160 - 손상후 장부금액(1,600 - 400) = 960

23 (주)관세는 20×1년 6월 초에 기존 건물이 있는 토지를 ₩7,500에 일괄 취득하였다. 취득당시 건물과 토지의 공정가치는 각각 ₩3,000과 ₩6,000이었다. 기존 건물은 취득 후 즉시 철거하면서 건물 철거비용 ₩300이 발생하였으며, 건물철거 폐자재는 ₩100에 처분하였다. (주)관세가 인식할 토지의 취득원가는? 〈2020 관세사〉

① ₩5,000
② ₩5,200
③ ₩6,200
④ ₩7,700
⑤ ₩7,800

해설

④ ₩7,700

7,500 + 300 − 100 = 7,700

24 투자부동산에 관한 설명으로 옳지 않은 것은? 〈2020 관세사〉

① 소유 투자부동산은 최초 인식시점에서 원가로 측정한다. 이때 발생한 거래원가는 당기 비용으로 처리한다.
② 투자부동산에 대하여 공정가치모형을 선택한 경우에는 최초 인식 후 모든 투자부동산을 공정가치로 측정한다.
③ 투자부동산의 폐기나 처분으로 생기는 손익은 순처분금액과 장부금액의 차액이며 폐기하거나 처분한 기간에 당기손익으로 인식한다.
④ 투자부동산을 포함한 특정 자산군의 공정가치와 연동하는 수익 또는 그 자산군에서 얻는 수익으로 상환하는 부채와 연계되어 있는 모든 투자부동산은 공정가치모형 또는 원가모형을 선택하여 평가한다.
⑤ 투자부동산을 후불조건으로 취득하는 경우의 원가는 취득시점의 현금가격상당액으로 하며 현금가격상당액과 실제 총지급액의 차액은 신용기간 동안의 이자비용으로 인식한다.

해설

① 소유 투자부동산은 최초 인식시점에서 원가로 측정한다. 이때 발생한 거래원가는 당기 비용으로 처리한다.

[K-IFRS 제1040호 투자부동산]

16 소유 투자부동산은 다음의 조건을 모두 충족할 때 자산으로 인식한다.
(1) 투자부동산에서 생기는 미래 경제적 효익의 유입 가능성이 높다.
(2) 투자부동산의 원가를 신뢰성 있게 측정할 수 있다.

17 투자부동산의 원가는 이 인식기준에 따라 발생시점에 평가한다. 투자부동산의 원가에는 취득하기 위하여 최초로 발생한 원가와 후속적으로 발생한 추가원가, 대체원가 또는 유지원가를 포함한다.

18 부동산과 관련하여 일상적으로 발생하는 유지원가는 문단 16의 인식기준에 따라 투자부동산의 장부금액에 인식하지 아니한다. 이러한 원가는 발생하였을 때 당기손익으로 인식한다. 일상적인 유지원가는 주로 노무원가와 소모품원가이며 중요하지 않은 부품의 원가를 포함할 수도 있다. 이러한 지출의 목적은 자산을 '수선유지'하는 데 있다.

25 (주)관세는 20×1년 1월 초 기계장치(취득원가 ₩5,000, 잔존가치 ₩0, 내용연수 4년, 정액법 상각)를 취득하여 원가모형을 적용하여 평가하였다. 20×1년 12월 말 동 기계장치의 가치가 크게 하락하여 순공정가치가 ₩2,600, 사용가치가 ₩3,000으로 추정되었다. 20×2년 12월 말에는 회수가능액이 ₩2,700으로 회복되었다. 20×2년 12월 말 (주)관세가 인식할 손상차손환입액은? (단, 월할상각한다.)

〈2020 관세사〉

① ₩500
② ₩700
③ ₩750
④ ₩1,000
⑤ ₩1,250

해설

① ₩500

20×1년 초	차)	기계장치	5,000	대)	현금	5,000
20×1년 말	차)	감가상각비	1,250	대)	감가상각누계액	1,250
20×1년 말	차)	손상차손[1]	750	대)	손상차손누계액	750
20×2년 말	차)	감가상각비[2] 손상차손누계액	1,000 500	대)	감가상각누계액 손상차손환입[3]	1,000 500

1) 장부금액(5,000 - 1,250 = 3,750) – 회수가능금액 Max(순공정가치 2,600, 사용가치 3,000) = 손상차손 750

2) 3,000 / 3년 = 1,000

3) 손상차손환입 한도 = 5,000 - 1,250 - 1,250
= 2,500(손상전 장부금액)

손상 후 장부금액 3,000 - 1,000 = 2,000

손상차손환입 = 손상전 장부금액 2,500 - 손상후 장부금액 2,000
= 500

26 유 · 무형자산에 관한 설명으로 옳지 않은 것은? 〈2020 관세사〉

① 무형자산은 자산에서 발생하는 미래 경제적 효익이 기업에 유입될 가능성이 높고, 자산의 원가를 신뢰성 있게 측정할 수 있는 경우에만 인식한다.

② 내부적으로 창출한 무형자산이 인식기준을 충족하는지를 평가하기 위하여 무형자산의 창출과정을 연구단계와 개발단계로 구분한다.

③ 유형자산에 대한 재평가의 빈도는 재평가되는 유형자산의 공정가치 변동에 따라 달라진다.

④ 특정 유형자산을 재평가 할 때, 해당 자산이 포함되는 유형자산 유형 전체를 재평가한다.

⑤ 무형자산에 대해 재평가모형을 적용할 경우에는 매 보고기간 말에 공정가치로 측정한다.

해설

⑤ 무형자산에 대해 재평가모형을 적용할 경우에는 매 보고기간 말에 공정가치로 측정한다.

[K-IFRS 제1038호 무형자산]

75 최초 인식 후에 무형자산은 재평가일의 공정가치에서 이후의 상각누계액과 손상차손누계액을 차감한 재평가금액을 장부금액으로 한다. 이 기준서의 재평가 목적상 공정가치는 활성시장을 기초로 하여 측정한다. 보고기간말에 자산의 장부금액이 공정가치와 중요하게 차이가 나지 않도록 주기적으로 재평가를 실시한다.

27

(주)관세는 20×1년 5월 초 영업활동에 사용할 목적으로 기계장치(취득원가 ₩210,000, 잔존가치 ₩10,000, 내용연수 5년, 정률법 상각)를 구입하였다. 20×2년 말 재무상태표에 인식할 감가상각누계액은? (단, 상각률은 45%로 가정하며, 월할상각한다.) 〈2020 관세사〉

① ₩51,975
② ₩66,150
③ ₩94,500
④ ₩129,150
⑤ ₩146,475

해설

④ ₩129,150

20×1.5.1	차)	기계장치 210,000	대)	현금 210,000
20×1년 말	차)	감가상각비[1] 63,000	대)	감가상각누계액 63,000
20×2.4.30	차)	감가상각비[2] 31,500	대)	감가상각누계액 31,500
20×2년 말	차)	감가상각비[3] 34,650	대)	감가상각누계액 34,650

1) 1년차 감가상각비 210,000 × 45% = 94,500
94,500 × 8/12 = 63,000

2) 94,500 × 4/12 = 31,500

3) 2년차 감가상각비 (210,000–94,500) × 45% = 51,975
51,975 × 8/12 = 34,650

20×2년 말 재무상태표에 인식할 감가상각누계액
= 63,000 + 31,500 + 34,650 = 129,150

28 (주)관세는 20×1년 1월 초 기계장치(취득원가 ₩5,100, 잔존가치 ₩100, 내용연수 5년, 정액법 상각)를 취득하였다. 20×3년 1월 초 ₩1,500을 지출하여 성능개선을 한 결과, 내용연수가 2년 더 연장되었으며, 잔존가치는 ₩50으로 추정되었다. 20×3년 12월 말 (주)관세가 기계장치에 대해 인식할 감가상각비는? 〈2020 관세사〉

① ₩610
② ₩890
③ ₩910
④ ₩1,000
⑤ ₩1,010

해설

③ ₩910

20×1년 초	차)	기계장치	5,100	대)	현금	5,100
20×1년 말	차)	감가상각비	1,000	대)	감가상각누계액	1,000
20×2년 말	차)	감가상각비	1,000	대)	감가상각누계액	1,000
20×3년 초	차)	기계장치	1,500	대)	현금	1,500
20×3년 말	차)	감가상각비[1]	910	대)	감가상각누계액	910

1) (5,100 - 2,000 + 1,500 - 50) / 5년(3년 + 2년) = 910

29 **(주)한국은 20×1년 초에 무형자산인 라이선스를 ₩500,000(정액법 상각, 내용연수 10년, 잔존가치 ₩0, 재평가모형 적용)에 취득하였다. 20×1년 말 라이선스의 공정가치가 ₩450,000, 20×2년 말 라이선스의 공정가치가 ₩525,000이라면, 20×2년 말 인식할 재평가이익은?** 〈2021 7급〉

① ₩25,000
② ₩50,000
③ ₩75,000
④ ₩125,000

해설

④ ₩125,000

20×1년 초	차)	라이선스 500,000	대)	현금 500,000
20×1년 말[1)]	차)	무형자산상각비 50,000	대)	라이선스 50,000
20×2년 말	차)	무형자산상각비 50,000 라이선스 125,000	대)	라이선스 50,000 자산재평가이익(OCI)[2)] 125,000

1) 자산재평가이익 = 장부금액 450,000 − 공정가치 450,000
= 0

2) 자산재평가이익 = 장부금액 400,000 − 공정가치 525,000
= 125,000

30 (주)한국은 20×1년 1월 1일에 기계장치를 ₩4,000,000(정액법 상각, 내용연수 5년, 잔존가치 ₩0, 원가모형 적용)에 취득하였다. 각 회계연도 말 기계장치에 대한 회수가능액은 다음과 같다.

• 20×1년 말	₩3,200,000
• 20×2년 말	₩1,800,000
• 20×3년 말	₩1,200,000
• 20×4년 말	₩2,000,000

(주)한국은 20×2년 말에 기계장치에 대해 손상차손이 발생하였고, 20×4년 말에 손상차손환입이 발생하였다고 판단하였다. 20×4년에 계상될 손상차손환입액은? 〈2021 7급〉

① ₩200,000
② ₩600,000
③ ₩800,000
④ ₩1,400,000

해설

① ₩200,000

	장부금액	회수가능액	손상차손(환입)
20×1년 초	4,000,000	–	–
20×1년 말	3,200,000	3,200,000	–
20×2년 말	2,400,000	1,800,000	600,000
20×3년 말	1,200,000[1]	1,200,000	–
20×4년 말	600,000	2,000,000	(200,000)[2]

1) 20×3년 감가상각비 1,800,000 / 3년 = 600,000
따라서 장부금액은 1,800,000 - 600,000 = 1,200,000

2) 손상차손환입 한도액 4,000,000 - 3,200,000 = 800,000

31

(주)한국은 20×1년 초 기계장치를 ₩10,000(정액법 상각, 내용연수 4년, 잔존가치 ₩2,000, 원가모형 적용)에 취득하였다. 기계장치 관련 자료가 다음과 같을 때 옳은 것은? 〈2021 7급〉

- 20×2년 중 최초로 기계장치에 대해 재평가모형으로 변경하였으며, 재평가 시 기존의 감가상각누계액은 전액 제거한 후 공정가치로 평가한다. (상각방법, 내용연수, 잔존가치의 변동은 없다)
- 20×2년 말 기계장치의 공정가치는 ₩12,000이다.
- 20×3년 말 기계장치를 현금 ₩8,000을 받고 처분하였다.

① 20×1년 감가상각비는 ₩2,500이다.
② 20×2년 재평가잉여금은 ₩4,000이다.
③ 20×3년 감가상각비는 ₩5,000이다.
④ 20×3년 기계장치 처분이익은 ₩2,000이다.

해설

③ 20×3년 감가상각비는 ₩5,000이다.

20×1년 초	차)	기계장치	10,000	대)	현금	10,000
20×1년 말	차)	감가상각비[1]	2,000	대)	감가상각누계액	2,000
20×2년 말	차)	감가상각비 기계장치 감가상각누계액	2,000 2,000 4,000	대)	감가상각누계액 자산재평가이익(OCI)	2,000 6,000
20×3년 말	차)	감가상각비[2] 감가상각누계액 현금	5,000 5,000 8,000	대)	감가상각누계액 기계장치 기계장치처분이익	5,000 12,000 1,000

1) (10,000 - 2,000) / 4년 = 2,000

2) (12,000 - 2,000) / 2년 = 5,000

32

다음 자료에 따른 건물 관련 손익이 20×2년 (주)대한의 당기순이익에 미치는 영향은? (단, 감가상각은 월할상각한다.) 〈2020 7급〉

- 20×1년 1월 1일 투자목적으로 건물(취득원가 ₩1,000, 잔존가치 ₩0, 내용연수 4년, 정액법 상각)을 취득한 후 공정가치 모형을 적용하였다.
- 20×2년 7월 1일 (주)대한은 동 건물을 공장용 건물(잔존가치 ₩0, 내용연수 2.5년, 정액법 상각)로 대체하여 자가사용하기 시작하였으며 재평가모형을 적용하였다.
- 일자별 건물 공정가치

20×1년 말	20×2년 7월 1일	20×2년 말
₩1,200	₩1,400	₩1,500

① ₩300 증가 ② ₩280 감소

③ ₩180 증가 ④ ₩80 감소

해설

④ ₩80 감소

20×1년 초	차)	투자부동산 1,000	대)	현금 1,000
20×1년 말	차)	투자부동산 200	대)	투자부동산평가이익(PL) 200
20×2.7.1	차)	투자부동산 200 건물 1,400	대)	투자부동산평가이익(PL) 200 투자부동산 1,400
20×2년 말	차)	감가상각비[1] 280 건물 380	대)	감가상각누계액 280 자산재평가이익(OCI) 380

1) (1,400 − 0) × 6/30 = 280

20×2년 당기순이익에 미치는 영향 = 투자부동산평가이익 200 − 감가상각비 280 = 80 당기순이익 감소

33 (주)한국은 사용 중인 기계장치 A(장부금액 ₩300,000, 공정가치 ₩150,000)를 (주)대한의 사용 중인 기계장치 B(장부금액 ₩350,000, 공정가치 ₩250,000)와 교환하였으며 공정가치 차액에 대하여 현금 ₩100,000을 지급하였다. 해당 교환거래가 상업적 실질이 존재하는 경우, (주)한국과 (주)대한이 각각 인식할 유형자산처분손실은?

〈2020 7급〉

	(주)한국	(주)대한
①	₩100,000	₩100,000
②	₩100,000	₩150,000
③	₩150,000	₩100,000
④	₩150,000	₩150,000

해설

③ ₩150,000 ₩100,000

㈜한국	차)	B기계장치 자산처분손실	250,000 150,000	대)	A기계장치 현금	300,000 100,000
㈜대한	차)	현금 A기계장치 자산처분손실	100,000 150,000 100,000	대)	B기계장치	350,000

34 (주)한국은 20×1년 7월 1일 생산에 필요한 기계장치를 ₩1,200,000에 취득(내용연수 4년, 잔존가치 ₩200,000)하였다. 동 기계장치를 연수합계법을 적용하여 감가상각할 때, 20×4년 손익계산서에 보고할 감가상각비는? (단, 원가모형을 적용하고 손상차손은 없으며, 감가상각은 월할 계산한다) 〈2021 9급〉

① ₩50,000
② ₩150,000
③ ₩180,000
④ ₩250,000

해설

② ₩150,000

20×1.7.1~20×2.6.30 (1,200,000 - 200,000) × 4/10 = 400,000

20×2.7.1~20×3.6.30 (1,200,000 - 200,000) × 3/10 = 300,000

20×3.7.1~20×4.6.30 (1,200,000 - 200,000) × 2/10 = 200,000

20×4.7.1~20×5.6.30 (1,200,000 - 200,000) × 1/10 = 100,000

20×4년 손익계산서에 보고할 감가상각비 = (200,000 × 6/12) + (100,000 × 6/12) = 150,000

35 **(주)한국은 20×1년 초에 토지를 새로 구입한 후, 토지 위에 새로운 사옥을 건설하기로 하였다. 이를 위해 토지 취득 후 토지 위에 있는 창고건물을 철거하였다. 토지의 취득 후 바로 공사를 시작하였으며, 토지 취득 및 신축 공사와 관련된 지출내역은 다음과 같다. 20×1년 12월 31일 현재 사옥 신축공사가 계속 진행 중이라면 건설중인자산으로 계상할 금액은?** 〈2021 9급〉

• 토지의 구입 가격	₩20,000
• 토지의 구입에 소요된 부대비용	₩1,300
• 토지 위의 창고 철거비용	₩900
• 새로운 사옥의 설계비	₩2,000
• 기초공사를 위한 땅 굴착비용	₩500
• 건설자재 구입비용	₩4,000
• 건설자재 구입과 직접 관련된 차입금에서 발생한 이자	₩150
• 건설 근로자 인건비	₩1,700

① ₩8,200
② ₩8,350
③ ₩9,100
④ ₩9,250

해설

② ₩8,350

20×1년 말 건설중인자산 2,000 + 500 + 4,000 + 150 + 1,700
= 8,350

36 **(주)한국은 유형자산에 대하여 재평가모형을 사용하고 있으며, 토지를 20×1년 초 ₩1,000,000에 취득하였다. 20×1년 말 재평가 결과 토지의 공정가치는 ₩900,000이었고, 20×2년 말 재평가 결과 토지의 공정가치가 ₩1,050,000인 경우, 20×2년 말 당기손익에 포함될 자산재평가이익과 자본항목에 표시될 재평가잉여금은?**

〈2021 9급〉

	자산재평가이익	재평가잉여금
①	₩0	₩50,000
②	₩50,000	₩100,000
③	₩100,000	₩50,000
④	₩150,000	₩150,000

해설

③ ₩100,000 ₩50,000

20×1년 초	차)	토지 1,000,000	대)	현금 1,000,000
20×1년 말	차)	자산재평가손실(PL) 100,000	대)	토지 100,000
20×2년 말	차)	토지 150,000	대)	자산재평가이익(PL) 100,000 자산재평가이익(OCI) 50,000

37 **(주)한국은 20×1년 1월 1일 임대수익과 시세차익을 목적으로 건물을 ₩100,000,000(내용연수 10년, 잔존가치 ₩0, 정액법)에 구입하고, 해당 건물에 대해서 공정가치모형을 적용하기로 하였다. 20×1년 말 해당 건물의 공정가치가 ₩80,000,000일 경우 (주)한국이 인식해야 할 평가손실은?** 〈2020 9급〉

① 기타포괄손실 ₩10,000,000
② 당기손실 ₩10,000,000
③ 기타포괄손실 ₩20,000,000
④ 당기손실 ₩20,000,000

해설

④ 당기손실 ₩20,000,000

20×1년 초	차)	투자부동산 100,000,000	대)	현금 100,000,000
20×1년 말	차)	투자부동산평가손실(PL) 20,000,000	대)	투자부동산 20,000,000

38 **(주)한국은 (주)민국에 대한 다음의 실사 결과를 이용하여 인수를 고려하도 있다.**

• 자산의 장부가치: ₩4,000 (공정가치 ?)
• 부채의 장부가치: ₩2,500 (공정가치 ₩2,500)
• 자본금: ₩500 • 자본잉여금: ₩300 • 이익잉여금: ₩700

만약, 이 중 75%를 ₩2,000에 취득하고 영업권 ₩500을 인식한다면 (주)민국의 자산 공정가치는? 〈2020 9급〉

① ₩3,500
② ₩4,000
③ ₩4,500
④ ₩5,000

해설

③ ₩4,500

취득시	차)	순자산 영업권	1,500 500	대)	현금	2,000

순자산 공정가치 100% = 2,000

자산 공정가치 - 부채 공정가치 2,500 = 2,000

따라서 자산 공정가치 = 4,500

39 **다음 설비자산 자료를 이용한 20×2년 재평가잉여금 기말 잔액은? (단, 설비자산은 취득시부터 재평가모형을 적용하고, 재평가잉여금의 이익잉여금 대체를 고려하지 않는다)** 〈2021 9급〉

- 20×1년 1월 1일에 설비자산을 ₩30,000에 취득(정액법 상각, 내용연수 10년, 잔존가치 ₩5,000)
- 20×2년 1월 1일에 동 설비자산의 감가상각방법을 연수합계법으로 변경(내용연수 4년, 잔존가치 ₩7,500)
- 공정가치: 20×1년 말 ₩37,500, 20×2년 말 ₩25,000

① ₩0　　② ₩500
③ ₩9,500　　④ ₩10,000

해설

③ ₩9,500

20×1년 초	차)	설비자산 30,000	대)	현금 30,000
20×1년 말	차)	감가상각비[1)] 2,500 설비자산 10,000	대)	감가상각누계액 2,500 자산재평가이익(OCI)[2)] 10,000
20×2년 말	차)	감가상각비[3)] 12,000 자산재평가손실(OCI)[4)] 500	대)	감가상각누계액 12,000 설비자산 500

1) (30,000−5,000)/10년 = 2,500

2) 자산재평가이익(재평가잉여금) = 장부금액 27,500 − 공정가치 37,500
= 10,000

3) (30,000−2,500+10,000−7,500)×4/(1+2+3+4)=12,000

4) 자산재평가손실(재평가잉여금) = 장부금액 25,500 − 공정가치 25,000
= 500

20×2년 재평가잉여금 기말 잔액 = 10,000 − 500 = 9,500

40 무형자산의 회계처리에 대한 설명으로 옳지 않은 것은? 〈2020 9급〉

① 무형자산을 최초로 인식할 때에는 원가로 측정한다.
② 무형자산이란 물리적 실체는 없지만 식별할 수 있는 비화폐성 자산이다.
③ 내부적으로 창출한 영업권은 자산으로 인식하지 아니한다.
④ 연구(또는 내부 프로젝트의 연구단계)에 대한 지출은 무형자산으로 인식한다.

해설

④ 연구(또는 내부 프로젝트의 연구단계)에 대한 지출은 무형자산으로 인식한다.

[K-IFRS 제1038호 무형자산]

54 연구(또는 내부 프로젝트의 연구단계)에서 발생하는 무형자산을 인식하지 않는다. 연구(또는 내부 프로젝트의 연구단계)에 대한 지출은 발생시점에 비용으로 인식한다.

41 **(주)한국은 20×1년 초에 ₩15,000을 지급하고 항공기를 구입하였다. 20×1년 말 항공기의 감가상각누계액은 ₩1,000이며, 공정가치는 ₩16,000이다. 감가상각누계액을 전액 제거하는 방법인 재평가모형을 적용하고 있으며 매년 말 재평가를 실시하고 있다. 20×2년 말 항공기의 감가상각누계액은 ₩2,000이며, 공정가치는 ₩11,000이다. 상기의 자료만을 근거로 도출된 설명으로 옳지 않은 것은? (단, 재평가잉여금을 당해 자산을 사용하면서 이익잉여금으로 대체하는 방법은 선택하고 있지 않다)** 〈2020 9급〉

① 20×1년 말 재평가잉여금은 ₩2,000이다.
② 20×1년 말 항공기의 장부금액은 ₩16,000이다.
③ 20×2년에 인식하는 재평가손실은 ₩3,000이다.
④ 20×2년에 인식하는 재평가손실은 포괄손익계산서의 비용항목으로 당기순이익에 영향을 준다.

해설

③ 20×2년에 인식하는 재평가손실은 ₩3,000이다.

20×1년 말	차)	항공기 1,000 감가상각누계액 1,000	대)	자산재평가이익(OCI)[1] 2,000
20×2년 말	차)	자산재평가이익(OCI)[2] 2,000 자산재평가손실(PL)[2] 1,000	대)	항공기 3,000

1) 장부금액(15,000−1,000=14,000), 공정가치 16,000

2) 장부금액(16,000−2,000=14,000), 공정가치 11,000

42 **(주)한국은 20×1년 1월 1일에 기계장치를 취득하고 원가모형을 적용하여 감가상각하고 있다. 기계장치와 관련된 자료는 다음과 같다.**

• 취득원가 ₩2,000,000	• 잔존가치 ₩200,000
• 내용연수 6년	• 감가상각방법: 정액법

20×3년 말 기계장치에 대해 손상이 발생하였으며 손상시점의 순공정가치는 ₩600,000이고 사용가치는 ₩550,000이다. 20×3년 말 손상차손 인식 후 장부금액은? 〈2020 9급〉

① ₩550,000
② ₩600,000
③ ₩650,000
④ ₩700,000

해설

② ₩600,000

감가상각비 (2,000,000–200,000)/6년=300,000

20×3년 말 장부금액 2,000,000 – 900,000 = 1,100,000

20×3년 말 회수가능금액 Max(순공정가치 600,000, 사용가치 550,000) = 600,000

20×3년 말 손상차손 = 1,100,000 – 600,000 = 500,000

장부금액 1,100,000 - 손상차손 500,000
= 손상차손 인식 후 장부금액 600,000

43 유형자산의 취득원가에 가산되지 않는 것은? 〈2021 경영지도사〉

① 매입할인과 리베이트
② 최초의 운송 및 취급 관련 원가
③ 설치장소 준비원가
④ 전문가에게 지급하는 수수료
⑤ 유형자산 취득과 관련된 취득세

해설

① 매입할인과 리베이트

[K-IFRS 제1016호 유형자산]

16 유형자산의 원가는 다음과 같이 구성된다.

(1) 관세 및 환급불가능한 취득 관련 세금을 가산하고 매입할인과 리베이트 등을 차감한 구입가격
(2) 경영진이 의도하는 방식으로 자산을 가동하는 데 필요한 장소와 상태에 이르게 하는 데 직접 관련되는 원가
(3) 자산을 해체, 제거하거나 부지를 복구하는 데 소요될 것으로 최초에 추정되는 원가. 회사가 자산을 해체, 제거하거나 부지를 복구할 의무는 해당 유형자산을 취득한 시점에 또는 해당 유형자산을 특정기간 동안 재고자산 생산 이외의 목적으로 사용한 결과로서 발생한다.

17 경영진이 의도하는 방식으로 자산을 가동하는 데 필요한 장소와 상태에 이르게 하는 데 직접 관련되는 원가의 예는 다음과 같다.

(1) 유형자산의 매입 또는 건설과 직접적으로 관련되어 발생한 종업원급여(기업회계기준서 제1019호 '종업원급여' 참조)
(2) 설치장소 준비 원가
(3) 최초의 운송 및 취급 관련 원가
(4) 설치원가 및 조립원가

(5) 유형자산이 정상적으로 작동되는지 여부를 시험하는 과정(예: 자산의 기술적, 물리적 성능이 재화나 용역의 생산이나 제공, 타인에 대한 임대 또는 관리활동에 사용할 수 있는 정도인지를 평가)에서 발생하는 원가.
(6) 전문가에게 지급하는 수수료

44 **(주)한국은 20×1년 초에 사용하던 기계장치를 (주)대한과 교환하기로 하였다. 이 교환거래가 상업적 실질이 존재할 경우 (주)한국이 인식할 유형자산처분이익은?** 〈2021 경영지도사〉

구분	(주)한국	(주)대한
취득원가	₩1,000,000	₩1,100,000
감가상각누계액	500,000	550,000
공정가치	650,000	650,000

① ₩50,000
② ₩100,000
③ ₩150,000
④ ₩200,000
⑤ 당기순이익으로 인식할 금액은 없다.

해설

③ ₩150,000

교환시	차)	신 기계장치 650,000 감가상각누계액 500,000	대)	구 기계장치 1,000,000 유형자산처분이익 150,000

45 무형자산의 합계액은? 〈2021 경영지도사〉

• 저작권	₩1,000,000
• 인사담당 종업원교육비	300,000
• 상표권	500,000
• 특허권등록비	600,000
• 내부적으로 창출한 영업권	800,000

① ₩1,500,000
② ₩1,800,000
③ ₩2,100,000
④ ₩2,900,000
⑤ ₩3,200,000

해설

③ ₩2,100,000

무형자산 = 1,000,000 + 500,000 + 600,000 = 2,100,000

46

(주)한국은 20×1년 초 기계장치를 ₩45,000에 취득하였다. 취득당시 기계장치의 내용연수는 5년이었으며 잔존가치는 ₩3,000으로 추정되었다. (주)한국은 기계장치를 취득 후 연수합계법을 적용하여 감가상각을 해왔으나, 20×3년 초 정액법으로 변경하였으며 잔존가치는 없는 것으로 추정하였다. (주)한국이 20×3년도에 인식할 감가상각비는? 〈2020 경영지도사〉

① ₩5,600
② ₩6,600
③ ₩8,400
④ ₩9,000
⑤ ₩9,400

해설

② ₩6,600

20×1년 감가상각비 (45,000−3,000) × 5/(1+2+3+4+5) = 14,000

20×2년 감가상각비 (45,000−3,000) × 4/(1+2+3+4+5) = 11,200

20×2년 말 장부금액 (45,000−14,000−11,200) = 19,800

20×3년 감가상각비 (19,800 − 0) / 3년 = 6,600

47

(주)한국은 20×1년 4월 1일 기계장치 취득 시 수선비로 잘못 기록하였으며, 20×2년도 장부마감 전에 오류를 발견하였다. 기계장치와 관련된 자료가 다음과 같을 때 오류수정분개의 영향으로 옳은 것은? (단, 감가상각은 월할계산한다.) 〈2020 경영지도사〉

• 취득원가 ₩30,000	• 잔존가치 ₩0
• 정률법 상각	• 상각률 40%

① 기계장치의 장부금액 ₩21,000이 증가한다.
② 수선비 ₩30,000이 감소한다.
③ 감가상각비 ₩8,400이 증가한다.
④ 감가상각누계액 ₩9,000이 증가한다.
⑤ 당기순이익 ₩17,400이 감소한다.

해설

③ 감가상각비 ₩8,400이 증가한다.

〈틀린 회계처리〉

20×1.4.1	차)	수선비 30,000	대)	현금 30,000
20×1년 말	차)	–	대)	–
20×2년 말	차)	–	대)	–

〈바른 회계처리〉

20×1.4.1	차)	기계장치	30,000	대)	현금	30,000
20×1년 말	차)	감가상각비[1]	9,000	대)	감가상각누계액	9,000
20×2년 말	차)	감가상각비[2]	8,400	대)	감가상각누계액	8,400

1) 30,000×40%×9/12=9,000

2) (30,000×40%×3/12)+(18,000×40%×9/12)=3,000+5,400
=8,400

20×2년 말 장부마감 전 오류수정분개	차)	기계장치 30,000 감가상각비 8,400	대)	감가상각누계액 17,400 이익잉여금 21,000

48 기계장치와 관련된 지출 중 성격이 다른 것은? 〈2020 경영지도사〉

① 생산량을 증가시키기 위한 보조장치의 부착
② 정상적인 성능을 유지하기 위한 윤활유의 교체
③ 불량률을 감소시키기 위해 기존부품을 첨단부품으로 교체
④ 성능을 증가시키는 핵심부품의 교체
⑤ 내용연수를 연장시키기 위한 기존부품의 교체

해설

② 정상적인 성능을 유지하기 위한 윤활유의 교체

자본적 지출(자산으로 계상) : ① 생산량을 증가시키기 위한 보조장치의 부착, ③ 불량률을 감소시키기 위해 기존부품을 첨단부품으로 교체, ④ 성능을 증가시키는 핵심부품의 교체, ⑤ 내용연수를 연장시키기 위한 기존부품의 교체

수익적 지출(비용으로 계상) : ② 정상적인 성능을 유지하기 위한 윤활유의 교체

49

(주)한국은 (주)대한이 보유하고 있는 토지(장부금액 ₩200,000, 공정가치 ₩300,000)를 취득하는 대가로 (주)대한에게 주식 50주(주당 액면금액 ₩5,000)를 발행하였다. 토지 취득시 취득세로 ₩5,000을 지출하였을 경우, 토지의 취득원가는? 〈2020 경영지도사〉

① ₩200,000
② ₩205,000
③ ₩255,000
④ ₩300,000
⑤ ₩305,000

해설

⑤ ₩305,000

취득시	차)	토지	305,000	대)	자본금 주식발행초과금 현금	250,000 50,000 5,000

50 **내용연수가 유한한 무형자산의 상각방법은 자산의 경제적 효익이 소비될 것으로 예상되는 형태를 반영하여야 하지만, 그 형태를 신뢰성 있게 결정할 수 없는 경우에 사용되는 상각방법은?** 〈2020 경영지도사〉

① 생산량비례법
② 연수합계법
③ 이중체감법
④ 정률법
⑤ 정액법

해설

⑤ 정액법

[K-IFRS 제1038호 무형자산]

97 내용연수가 유한한 무형자산의 상각대상금액은 내용연수 동안 체계적인 방법으로 배분하여야 한다. 상각은 자산을 사용할 수 있는 때부터 시작한다. 즉 자산이 경영자가 의도하는 방식으로 운영할 수 있는 장소와 상태에 이르렀을 때부터 시작한다. 상각은 기업회계기준서 제1105호에 따라 자산이 매각예정으로 분류되는(또는 매각예정으로 분류되는 처분자산집단에 포함되는) 날과 자산이 재무상태표에서 제거되는 날 중 이른 날에 중지한다. 무형자산의 상각방법은 자산의 경제적 효익이 소비될 것으로 예상되는 형태를 반영한 방법이어야 한다. 다만, 그 형태를 신뢰성 있게 결정할 수 없는 경우에는 정액법을 사용한다. 각 회계기간의 상각액은 이 기준서나 다른 한국채택국제회계기준서에서 다른 자산의 장부금액에 포함하도록 허용하거나 요구하는 경우를 제외하고는 당기손익으로 인식한다.

CHAPTER

7

금융자산

CHAPTER 7

금융자산

1 금융상품의 의의

거래당사자 일방에게 금융자산을 발생시키고 동시에 다른 거래상대방에게 금융부채나 지분상품을 발생시키는 모든 계약

A회사 (채무증권 또는 지분상품 발행자)			B회사 (채무증권 또는 지분상품 투자자)	
총자산	금융부채(채무증권) 비금융부채	⇔	금융자산(채무증권) ① 상각후원가(AC금융자산) ② 당기손익-공정가치 (FVPL금융자산) ③ 기타포괄손익-공정가치 (FVOCI금융자산)	총부채
	자본(지분상품)		금융자산(지분증권) ① 당기손익-공정가치 (FVPL금융자산) ② 기타포괄손익-공정가치 (FVOCI금융자산)	자본

2 금융자산의 분류

다음 두 가지 사항 모두에 근거하여 금융자산이 후속적으로 상각후원가, 기타포괄손익-공정가치, 당기손익-공정가치로 측정되도록 분류한다.(4.1.1)

(1) 금융자산의 관리를 위한 사업모형

(2) 금융자산의 계약상 현금흐름 특성

다음 두 가지 조건을 모두 충족한다면 금융자산을 상각후원가로 측정한다.(4.1.2)

(1) 계약상 현금흐름을 수취하기 위해 보유하는 것이 목적인 사업모형 하에서 금융자산을 보유한다.

(2) 금융자산의 계약 조건에 따라 특정일에 원금과 원금잔액에 대한 이자 지급(이하 '원리금 지급')만으로 구성되어 있는 현금흐름이 발생한다.

다음 두 가지 조건을 모두 충족한다면 금융자산을 기타포괄손익-공정가치로 측정한다.(4.1.2A)

(1) 계약상 현금흐름의 수취와 금융자산의 매도 둘 다를 통해 목적을 이루는 사업모형 하에서 금융자산을 보유한다.

(2) 금융자산의 계약 조건에 따라 특정일에 원리금 지급만으로 구성되어 있는 현금흐름이 발생한다.

금융자산은 상각후원가(AC금융자산)로 측정하거나 기타포괄손익-공정가치(FVOCI금융자산)로 측정하는 경우가 아니라면, 당기손익-공정가치(FVPL금융자산)로 측정한다. 그러나 당기손익-공정가치로 측정되는 '지분상품에 대한 특정 투자'에 대하여는 후속적인 공정가치 변동을 기타포괄손익으로 표시하도록 최초 인식시점에 선택할 수도 있다. 다만 한번 선택하면 이를 취소할 수 없다.(4.1.4)

서로 다른 기준에 따라 자산이나 부채를 측정하거나 그에 따른 손익을 인식하는 경우에 측정이나 인식의 불일치('회계불일치'라 말하기도 한다)가 발생할 수 있다. 금융자산을 당기손익-공정가치 측정 항목으로 지정한다면 이와 같은 불일치를 제거하거나 유의적으로 줄이는 경우에는 최초 인식시점에 해당 금융자산을 당기손익-공정가치 측정 항목으로 지정할 수 있다. 다만 한번 지정하면 이를 취소할 수 없다.(4.1.5)

3 금융자산의 최초 인식 및 측정

금융자산이나 금융부채는 금융상품의 계약당사자가 되는 때에만 재무상태표에 인식한다.(3.1.1)

최초 인식시점에 금융자산이나 금융부채를 공정가치로 측정하며, 당기손익-공정가치 측정 금융자산 또는 당기손익-공정가치 측정 금융부채가 아닌 경우에 해당 금융자산의 취득이나 해당 금융부채의 발행과 직접 관련되는 거래원가는 공정가치에 가감한다.(5.1.1)

4 금융자산의 후속측정

최초 인식 후에는 금융자산을 다음 중 하나로 측정한다.(5.2.1)

(1) 상각후원가(AC금융자산)

(2) 기타포괄손익-공정가치(FVOCI금융자산)

(3) 당기손익-공정가치(FVPL금융자산)

상각후원가로 측정하는 금융자산과 기타포괄손익-공정가치로 측정하는 금융자산에는 손상 요구사항을 적용한다.(5.2.2)

5 상각후원가 측정

(유효이자율법) 이자수익은 금융자산의 총 장부금액에 유효이자율을 적용하는 유효이자율법으로 계산한다.(5.4.1)

금융자산 전체나 일부의 회수를 합리적으로 예상할 수 없는 경우에는 해당 금융자산의 총 장부금액을 직접 줄인다. 제각은 금융자산을 제거하는 사건으로 본다.(5.4.4)

6 손상

금융자산, 리스채권, 계약자산, 대출약정, 금융보증계약의 기대신용손실을 손실충당금으로 인식한다.(5.5.1)

보고기간 말에 이 기준서에 따라 인식해야 하는 금액으로 손실충당금을 조정하기 위한 기대신용손실액(또는 환입액)은 손상차손(환입)으로 당기손익에 인식한다.(5.5.8)

7 금융자산의 재분류

금융자산을 재분류하는 경우에 그 재분류를 재분류일부터 전진적으로 적용한다. 재분류 전에 인식한 손익[손상차손(환입) 포함]이나 이자는 다시 작성하지 않는다.(5.6.1)

금융자산을 상각후원가 측정 범주에서 당기손익-공정가치 측정 범주로 재분류하는 경우에 재분류일의 공정가치로 측정한다. 금융자산의 재분류 전 상각후원가와 공정가치의 차이에 따른 손익은 당기손익으로 인식한다.(5.6.2)

금융자산을 당기손익-공정가치 측정 범주에서 상각후원가 측정 범주로 재분류하는 경우에 재분류일의 공정가치가 새로운 총장부금액이 된다.(5.6.3)

금융자산을 상각후원가 측정 범주에서 기타포괄손익-공정가치 측정 범주로 재분류하는 경우에 재분류일의 공정가치로 측정한다. 금융자산의 재분류 전 상각후원가와 공정가치의 차이에 따른 손익은 기타포괄손익으로 인식한다. 유효이자율과 기대신용손실 측정치는 재분류로 인해 조정되지 않는다.(5.6.4)

금융자산을 기타포괄손익-공정가치 측정 범주에서 상각후원가 측정 범주로 재분류하는 경우에 재분류일의 공정가치로 측정한다. 그러나 재분류 전에 인식한 기타포괄손익누계액은 자본에서 제거하고 재분류일의 금융자산의 공정가치에서 조정한다. 따라서 최초 인식시점부터 상각후원가로 측정했었던 것처럼 재분류일에 금융자산을 측정한다. 이러한 조정은 기타포괄손익에 영향을 미치지만 당기손익에는 영향을 미치지 아니하므로 재분류조정에 해당하지 아니한다. 재분류에 따라 유효이자율과 기대신용손실 측정치는 조정하지 않는다.(5.6.5)

금융자산을 당기손익-공정가치 측정 범주에서 기타포괄손익-공정가치 측정 범주로 재분류하는 경우에 계속 공정가치로 측정한다.(5.6.6)

금융자산을 기타포괄손익-공정가치 측정 범주에서 당기손익-공정가치 측정 범주로 재분류하는 경우에 계속 공정가치로 측정한다. 재분류 전에 인식한 기타포괄손익누계액은 재분류일에 재분류조정으로 자본에서 당기손익으로 재분류한다.(5.6.7)

8 손익

공정가치로 측정하는 금융자산이나 금융부채의 손익은 당기손익으로 인식한다. 그러나 기타포괄손익-공정가치로 측정하는 금융자산의 일부 공정가치의 변동은 기타포괄손익으로 인식한다.(5.7.1)

배당은 다음을 모두 충족한 경우에만 당기손익으로 인식한다.(5.7.1A)

(1) 배당을 받을 권리가 확정되었다.

(2) 배당과 관련된 경제적 효익의 유입가능성이 높다.

(3) 배당액을 신뢰성 있게 측정할 수 있다.

〈출처: K-IFRS 제1109호 금융상품〉

* 괄호안의 숫자는 기준서 문단번호를 나타냄

01 (주)감평은 20×1년 초 주당 액면금액이 ₩150인 (주)한국의 보통주 20주를 주당 ₩180에 취득하였고, 총거래원가 ₩150을 지급하였다. (주)감평은 동 주식을 기타포괄손익-공정가치 측정 금융자산으로 분류하였고 20×1년 말 동 주식의 공정가치는 주당 ₩240이다. 동 금융자산과 관련하여 20×1년 인식할 기타포괄이익은?

〈2021 감정평가사〉

① ₩1,050
② ₩1,200
③ ₩1,350
④ ₩1,600
⑤ ₩1,950

해설

① ₩1,050

20×1년 초	차)	FVOCI금융자산 3,750	대)	현금 3,750
20×1년 말	차)	FVOCI금융자산 1,050	대)	금융자산평가이익(OCI) 1,050

02 (주)감평은 20×1년 4월 1일에 만기가 20×1년 7월 31일인 액면금액 ₩1,200,000의 어음을 거래처로부터 수취하였다. (주)감평은 동 어음을 20×1년 6월 30일 은행에서 할인하였으며, 할인율은 연 12%이다. 동 어음이 무이자부인 어음일 경우(A)와 연 9%의 이자부어음일 경우(B) 각각에 대한 어음할인시 (주)감평이 금융상품(받을어음)처분손실로 인식할 금액은? (단, 어음할인은 금융상품의 제거요건을 충족시킨다고 가정하며, 이자는 월할계산한다.) 〈2020 감정평가사〉

	(A)	(B)
①	₩0	₩3,360
②	₩0	₩12,000
③	₩12,000	₩3,360
④	₩12,000	₩9,000
⑤	₩12,000	₩12,000

해설

③ ₩12,000 ₩3,360

무이자부 어음	차)	현금 1,188,000 받을어음처분손실[1] 12,000	대)	받을어음 1,200,000
연 9% 이자부어음	차)	현금 1,223,640 받을어음처분손실[2] 3,360	대)	받을어음 1,200,000 미수이자[3] 27,000

1) 1,200,000×12%×1/12=12,000

2) 받을어음처분손실

만기금액	1,200,000
만기까지 이자(1,200,000×9%×4/12)=	36,000
합계	1,236,000
할인액(1,236,000×12%×1/12)=	(12,360)
현금수취액	1,223,640
어음의 장부금액(발생이자 포함)	1,227,000
받을어음 처분손실	3,360

3) 1,200,000×9%×3/12=27,000

03 다음 자료를 이용하여 계산한 (주)관세의 기말 순매출채권은?

〈2021 관세사〉

- 기초 순매출채권은 ₩10,000이다.
- 당기 중 매출채권 ₩2,000이 회수불능으로 판단되었다.
- 당기에 고객으로부터 유입된 현금은 ₩30,000이다.
- 당기 포괄손익계산서상 매출액은 ₩40,000이고 매출채권손상차손은 ₩3,000이다.

① ₩14,000
② ₩15,000
③ ₩16,000
④ ₩17,000
⑤ ₩18,000

해설

④ ₩17,000

매출채권

기초	10,000	현금	30,000
		손상차손(대손상각비)	3,000
매출	40,000	기말	17,000
	50,000		50,000

당기 중 매출채권 ₩2,000이 회수불능으로 판단은 다음과 같이 회계처리한다.

회수불능 판단시	차)	대손충당금 2,000	대)	매출채권 2,000

이러한 회계처리는 순매출채권에는 영향을 미치지 않는다.

04 **(주)관세는 당좌예금 장부잔액 ₩320,000에 대하여 주거래은행에 확인을 요청한 결과, 은행측 잔액과 일치하지 않은 것을 발견하였다. 불일치 내용은 다음과 같으며, 이러한 차이를 조정한 후 (주)관세와 주거래은행의 당좌예금 잔액은 일치하였다. 이에 관한 설명으로 옳지 않은 것은?** 〈2021 관세사〉

- (주)관세가 거래처 A에게 발행한 수표 ₩30,000이 주거래은행의 당좌예금 계좌에서 아직 인출되지 않았다.
- (주)관세가 기중에 주거래은행에 예입한 수표 ₩73,000이 전산장애로 아직 입금처리되지 않았다.
- 거래처 B가 (주)관세의 주거래은행측 당좌예금 계좌로 수표 ₩50,000을 입금하였으나 (주)관세에는 통보되지 않았다.
- 거래처 C에게 상품매입 대가 ₩23,000을 수표발행 결제하였으나, (주)관세의 직원이 이를 ₩32,000으로 잘못 기록하였다.
- 주거래은행은 당좌거래 수수료 ₩1,000을 부과하고 당좌예금 계좌에서 차감하였으나, (주)관세에는 통보되지 않았다.

① 거래처 A에게 발행한 수표에 대하여 (주)관세가 조정할 내용은 없다.
② 거래처 B가 입금한 수표에 대하여 주거래은행이 조정할 내용은 없다.
③ 거래처 C에게 발행한 수표에 대하여 (주)관세는 당좌예금 계정에 ₩9,000을 가산해야 하지만, 주거래은행이 조정할 내용은 없다.
④ 주거래은행이 부과한 당좌거래 수수료에 대하여 (주)관세는 당좌예금 계정에서 차감하는 조정을 해야 한다.
⑤ 당좌예금 조정 전 잔액은 (주)관세가 주거래은행보다 ₩15,000이 더 많다.

해설

⑤ 당좌예금 조정 전 잔액은 (주)관세가 주거래은행보다 ₩15,000이 더 많다.

	㈜관세		은행	
조정전		320,000		X=335,000
	미통지예금	50,000	기발행미인출	(30,000)
			미입금예금	73,000
	오류	9,000		
	미통지 지급수수료	(1,000)		
조정후		378,000		378,000

05 **(주)관세는 20×1년 중 (주)대한의 보통주 100주, 200주, 400주를 각각 1주당 ₩100, ₩200, ₩500에 순차적으로 취득하고, 기타포괄손익-공정가치 측정 금융자산으로 선택하여 분류하였다. 20×1년 말 (주)대한의 보통주 1주당 공정가치는 ₩400이다. (주)관세가 20×2년 중 보유하고 있던 (주)대한의 보통주 100주를 1주당 ₩300(공정가치)에 매각하였을 때 처분손익은?** 〈2021 관세사〉

① ₩20,000 손실
② ₩10,000 손실
③ ₩0
④ ₩10,000 이익
⑤ ₩20,000 이익

해설

③ ₩0

20×1년 중	차)	FVOCI금융자산 10,000 FVOCI금융자산 40,000 FVOCI금융자산 200,000	대)	현금	250,000
20×1년 말	차)	FVOCI금융자산 30,000	대)	금융자산평가손익(OCI)[1]	30,000
20×2년 중	차)	금융자산평가손익(OCI) 10,000 현금 30,000	대)	FVOCI금융자산 FVOCI금융자산	10,000 30,000

1) 공정가치(100주+200주+400주)×400 = 280,000
금융자산평가손익 = 공정가치 280,000 − 장부금액 250,000
= 30,000

06 (주)관세는 20×1년 4월 1일 상품을 판매하고 약속어음(액면금액 ₩100,000, 이자율 연 8%, 만기 6개월)을 수취하였다. (주)관세가 어음을 3개월간 보유한 후 거래은행에 연 10%의 이자율로 할인하였을 경우, 수령하게 되는 현금은? (단, 어음의 할인은 월할 계산하며 위험과 보상의 대부분을 이전하였다고 가정한다.) 〈2021 관세사〉

① ₩98,600
② ₩100,000
③ ₩100,600
④ ₩101,400
⑤ ₩106,600

해설

④ ₩101,400

만기금액	100,000
만기까지 이자(100,000×8%×6/12)=	4,000
합계	104,000
할인액(104,000×10%×3/12)=	(2,600)
현금수취액	101,400
어음의 장부금액(발생이자 포함)	102,000
받을어음 처분손실	600

<table>
<tr><td rowspan="2">할인시</td><td rowspan="2">차)</td><td>현금</td><td>101,400</td><td rowspan="2">대)</td><td>받을어음</td><td>100,000</td></tr>
<tr><td>받을어음처분손실</td><td>600</td><td>미수이자</td><td>2,000</td></tr>
</table>

07 **(주)관세의 20×1년 말과 20×2년 말 재무상태표의 매출채권 관련 부분이다.**

구분	20×1년 말	20×2년 말
매출채권	₩100,000	₩300,000
손실충당금	(5,000)	(6,000)

(주)관세는 20×2년 7월 초 매출채권 ₩7,000이 회수불능으로 확정되어 장부에서 제각하였으나, 동년도 12월 초 제각한 매출채권 중 ₩3,000을 회수하였다. (주)관세의 매출채권과 관련한 20×2년도 손상차손은? 〈2020 관세사〉

① ₩2,000
② ₩3,000
③ ₩5,000
④ ₩6,000
⑤ ₩8,000

해설

③ ₩5,000

매출채권

기초	100,000	현금	3,000
손실충당금	3,000	손실충당금	7,000
매출	207,000	기말	300,000
	310,000		310,000

손실충당금

매출채권	7,000	기초	5,000
		매출채권	3,000
기말	6,000	손상차손	5,000
	13,000		13,000

20×2년 7월 초	차)	손실충당금 7,000	대)	매출채권 7,000	
20×2년 12월 초	차)	매출채권 3,000 현금 3,000	대)	손실충당금 3,000 매출채권 3,000	

08 **(주)관세는 거래처로부터 받은 이자부어음(액면금액 ₩120,000, 만기 6개월, 이자율 연 10% 만기시 지급)을 2개월간 보유한 후 금융기관에 연 12% 이자율로 할인하였다. 동 거래로 어음과 관련된 위험과 보상은 모두 금융기관에 이전되었다. (주)관세가 동 어음과 관련하여 인식할 당기손익은? (단, 이자는 월할계산한다.)** 〈2020 관세사〉

① 당기이익 ₩960
② 당기이익 ₩1,200
③ 당기손실 ₩840
④ 당기손실 ₩1,040
⑤ 당기손실 ₩4,800

해설

① 당기이익 ₩960

만기금액	120,000
만기까지 이자(120,000×10%×6/12)=	6,000
합계	126,000
할인액(126,000×12%×4/12)=	(5,040)
현금수취액	120,960
어음의 장부금액(발생이자 포함)	122,000
받을어음 처분손실	1,040

2개월 보유까지	차)	미수이자 2,000	대)	이자수익 2,000
할인시	차)	현금 120,960 받을어음처분손실 1,040	대)	받을어음 120,000 미수이자 2,000

동 어음과 관련하여 인식할 당기손익 = 이자수익 2,000 − 받을어음처분손실 1,040 = 당기이익 960

09

(주)관세는 20×1년 1월 1일 (주)한국이 발행한 사채(액면금액 ₩50,000, 만기 5년, 표시이자율 연 5% 매년 말 지급)를 ₩45,900에 취득하고, 이를 기타포괄손익-공정가치 측정 금융자산으로 분류하였다. 사채의 20×1년 말 공정가치는 ₩47,000이고, 20×2년 말 공정가치는 ₩48,000이다. (주)관세가 동 금융자산과 관련하여 20×2년도에 인식할 이자수익은? (단, 취득 당시 유효이자율은 연 7%이며, 계산시 화폐금액은 소수점 첫째자리에서 반올림 한다.)

〈2020 관세사〉

① ₩3,263
② ₩3,290
③ ₩3,360
④ ₩3,649
⑤ ₩3,886

해설

① ₩3,263

<table>
<tr><td>20×1년 초</td><td>차)</td><td>FVOCI금융자산 45,900</td><td>대)</td><td>현금 45,900</td></tr>
<tr><td rowspan="3">20×1년 말</td><td rowspan="3">차)</td><td>현금 2,500</td><td rowspan="3">대)</td><td>이자수익 3,213</td></tr>
<tr><td>FVOCI금융자산 713</td><td></td></tr>
<tr><td>FVOCI금융자산 387</td><td>금융자산평가손익(OCI) 387</td></tr>
<tr><td rowspan="3">20×2년 말</td><td rowspan="3">차)</td><td>현금 2,500</td><td rowspan="3">대)</td><td>이자수익 3,263</td></tr>
<tr><td>FVOCI금융자산 763</td><td></td></tr>
<tr><td>FVOCI금융자산 624</td><td>금융자산평가손익(OCI) 624</td></tr>
</table>

	유효이자(7%)	액면이자(5%)	상각액	장부금액	공정가치
20×1년 초				45,900	–
20×1년 말	3,213	2,500	713	46,613	47,000
20×2년 말	3,263	2,500	763	47,376	48,000

10 **(주)한국은 모든 매출이 외상으로 발생하는 회사이다. 당기 총매출액은 ₩800,000이며, 매출채권으로부터 회수한 현금유입액은 ₩600,000이다. 다음의 당기 매출채권 관련 자료를 사용하여 (주)한국이 인식할 당기 손상차손(대손상각비)은?** 〈2021 9급〉

	기초	기말
매출채권	₩500,000	₩450,000
손실충당금(대손충당금)	₩50,000	₩50,000

① ₩250,000
② ₩350,000
③ ₩450,000
④ ₩550,000

해설

① ₩250,000

매출채권

차변		대변	
기초	500,000	현금	600,000
		대손충당금	250,000
매출	800,000	기말	450,000
	1,300,000		1,300,000

대손충당금

차변		대변	
매출채권	250,000	기초	50,000
기말	50,000	대손상각비	250,000
	300,000		300,000

11 **(주)한국은 20×1년 중 (주)민국의 주식을 매매수수료 ₩1,000을 포함하여 총 ₩11,000을 지급하고 취득하였으며, 기타포괄손익-공정가치 측정 금융자산으로 분류하였다. 동 주식의 20×1년 말 공정가치는 ₩12,000이었으며, 20×2년 중에 동 주식을 ₩11,500에 모두 처분하였을 경우, 동 금융자산과 관련한 설명 중 옳은 것은?**

〈2021 9급〉

① 처분금액은 ₩10,000이다.
② 20×1년 당기순이익을 증가시키는 평가이익은 ₩1,000이다.
③ 20×2년 당기순이익을 감소시키는 처분손실은 ₩500이다.
④ 20×2년 처분손익은 ₩0이다.

해설

④ 20×2년 처분손익은 ₩0이다.

20×1년 중	차)	FVOCI금융자산	11,000	대)	현금	11,000
20×1년 말	차)	FVOCI금융자산	1,000	대)	금융자산평가손익(OCI)	1,000
20×2년 중	차)	금융자산평가손익(OCI) 현금	500 11,500	대)	FVOCI금융자산 FVOCI금융자산	500 11,500

12

(주)한국은 회수불능채권에 대하여 대손충당금을 설정하고 있으며 기말 매출채권 잔액의 1%가 회수 불가능할 것으로 추정하고 있다. 다음 자료를 이용하여 (주)한국이 20×2년 포괄손익계산서에 인식할 대손상각비는? 〈2021 9급〉

• 매출채권, 대손충당금 장부상 자료

구분	20×1년 말	20×2년 말
매출채권	₩900,000	₩1,000,000
대손충당금	₩9,000	?

• 20×2년 중 매출채권 대손 및 회수 거래
  – 1월 10일: (주)대한의 매출채권 ₩5,000이 회수불가능한 것으로 판명
  – 3월 10일: (주)민국의 매출채권 ₩2,000이 회수불가능한 것으로 판명
  – 6월 10일: 1월 10일에 대손처리되었던 (주)대한의 매출채권 ₩1,500 회수

① ₩1,000
② ₩6,500
③ ₩8,000
④ ₩10,000

해설

② ₩6,500

매출채권				대손충당금			
기초	900,000	대손충당금	5,000	매출채권	5,000	기초	9,000
		대손충당금	2,000	매출채권	2,000	현금	1,500
매출	107,000	기말	1,000,000	기말	10,000	대손상각비	6,500
	1,007,000		1,007,000		17,000		17,000

구분	차)	계정	금액	대)	계정	금액
회수불가능 판명시	차)	대손충당금 대손충당금	5,000 2,000	대)	매출채권 매출채권	5,000 2,000
대손처리되었던 매출채권 회수시	차)	매출채권 현금	1,500 1,500	대)	대손충당금 매출채권	1,500 1,500

13 (주)한국은 20×1년 중에 (주)민국의 지분상품을 ₩80,000에 취득하고, 이를 기타포괄손익-공정가치측정금융자산으로 선택분류하였다. 이 지분상품의 20×1년 말, 20×2년 말 공정가치는 각각 ₩70,000, ₩110,000이다. (주)한국이 20×3년에 이 지분상품을 ₩90,000에 모두 처분하였을 경우 처분손익은? (단, 거래원가는 없다)

〈2021 9급〉

① ₩0
② 처분손실 ₩10,000
③ 처분이익 ₩10,000
④ 처분손실 ₩20,000

해설

① ₩0

20×1년 중	차)	FVOCI금융자산	80,000	대)	현금	80,000
20×1년 말	차)	금융자산재평가손익(OCI)	10,000	대)	FVOCI금융자산	10,000
20×2년 말	차)	FVOCI금융자산	40,000	대)	금융자산재평가손익(OCI)	40,000
20×3년 중	차)	금융자산재평가손익(OCI) 현금	20,000 90,000	대)	FVOCI금융자산 FVOCI금융자산	20,000 90,000

14

(주)한국은 20×1년 6월 말 주거래 A은행 측 당좌예금 잔액 ₩13,000이 당사의 당좌예금 장부 잔액과 일치하지 않는 것을 확인하였다. 다음과 같은 차이를 조정한 후 (주)한국과 A은행의 당좌예금 잔액은 ₩12,000으로 일치하였다. (주)한국의 수정 전 당좌예금 잔액은?

〈2021 9급〉

- A은행이 (주)한국의 당좌예금에서 ₩3,000을 잘못 출금하였다.
- A은행이 (주)한국의 받을어음을 추심하고 ₩3,000을 당좌예금에 입금하였으나, (주)한국은 이를 모르고 있었다.
- (주)한국이 기발행한 ₩4,000의 수표가 A은행에 아직 제시되지 않았다.
- (주)한국이 ₩3,000의 수표를 발행하면서 장부에는 ₩8,000으로 잘못 기장하였다.
- (주)한국이 20×1년 6월 12일에 입금한 ₩1,000의 수표가 부도로 판명되었으나, (주)한국은 이를 모르고 있었다.

① ₩5,000
② ₩8,000
③ ₩9,000
④ ₩10,000

해설

① ₩5,000

	㈜한국		은행	
조정전		X=5,000		13,000
	미통지예금	3,000	기발행미인출	(4,000)
	부도수표	(1,000)		
	회사오류	5,000	은행오류	3,000
조정후		12,000		12,000

15 (주)한국은 20×1년 중에 지분증권을 ₩6,000에 현금으로 취득하였으며, 이 가격은 취득시점의 공정가치와 동일하다. 지분증권 취득 시 매매수수료 ₩100을 추가로 지급하였다. 동 지분증권의 20×1년 말 공정가치는 ₩7,000이며, (주)한국은 20×2년 초에 지분증권 전부를 ₩7,200에 처분하였다. (주)한국이 지분증권을 취득 시 기타포괄손익-공정가치 측정 금융자산으로 분류한 경우 20×1년과 20×2년과 당기순이익에 미치는 영향은? 〈2020 9급〉

	20×1년 당기순이익에 미치는 영향	20×2년 당기순이익에 미치는 영향
①	₩900 증가	₩1,100 증가
②	₩1,000 증가	₩1,100 증가
③	영향 없음	₩900 증가
④	영향 없음	영향 없음

해설

④	영향 없음	영향 없음

20×1년 중	차)	FVOCI금융자산 6,100	대)	현금 6,100
20×1년 말	차)	FVOCI금융자산 900	대)	금융자산평가손익(OCI) 900
20×2년 초	차)	FVOCI금융자산 200 현금 7,200	대)	금융자산평가손익(OCI) 200 FVOCI금융자산 7,200

16 (주)한국은 20×2년 중 ₩13,000의 매출채권을 대손처리하였고, 20×2년 말 매출채권 잔액의 5%를 기대신용손실로 추정하였다. (주)한국의 매출채권 잔액이 다음과 같을 경우, 20×2년도에 인식할 대손상각비는? 〈2020 경영지도사〉

구분	20×1년 말	20×2년 말
매출채권	₩800,000	₩900,000
대손충당금	35,000	?

① ₩13,000
② ₩22,000
③ ₩23,000
④ ₩35,000
⑤ ₩45,000

해설

③ ₩23,000

매출채권

차변	금액	대변	금액
기초	800,000	대손충당금	13,000
매출	113,000	기말	900,000
	913,000		913,000

대손충당금

차변	금액	대변	금액
매출채권	13,000	기초	35,000
기말	45,000	대손상각비	23,000
	58,000		58,000

■ 지현미

- 성균관대학교 회계학과(경영학사)
- 성균관대학교 대학원(경영학 석사)
- 성균관대학교 대학원(경영학 박사)
- 한국공인회계사, 세무사, 미국공인회계사
- 금융감독원 회계제도실 국제회계기준 T/F팀 선임조사역
- 현) 계명대학교 경영대학 회계학전공 교수

저자와의
협의하에
인지생략

재무회계실무(1)

2022년 6월 15일 1판 1쇄 인쇄
2022년 6월 20일 1판 1쇄 발행

저 자 지 현 미
발행인 고 성 익
조 판 플 러 스

05027
발행처 서울특별시 광진구 아차산로 335 삼영빌딩
도서출판 三 英 社
등 록 1972년 4월 27일 제2013-21호
전 화 737-1052 · 734-8979 FAX 739-2386

정가 25,000원

ISBN 978-89-445-0545-4-93320